早稲田教育叢書 33

早稲田大学と国語教育

―― 学会50年の歴史と展望をもとに ――

町田 守弘 編著

学文社

はじめに

　1963年10月に設立された早稲田大学国語教育学会は，早稲田大学で学んだ教員の実践と研究を交流する場として機能してきた。学会は2013年に設立50周年を迎えた。学会に参加して学んできた立場として，この機会に学会の50年の歴史を振り返ることによって，改めて早稲田大学と国語教育との関わりを確認してみたい。そのような目的意識を共有する者が「早稲田大学における国語教育の研究」というテーマを掲げて，早稲田大学教育総合研究所における2010年度および2011年度の一般研究部会での研究を進めることになった。この研究部会の構成員は，大貫眞弘，千葉俊二，丁秋娜，林教子，古井純士，堀誠（2010年度研究代表者），町田守弘（2011年度研究代表者），松本直樹，吉田茂，李軍の10名であった。本書は構成員の有志が，部会の研究成果を踏まえてまとめたものである。

　「国語教育」はとりわけ教育の根幹を担うものとも認識されている。年来培われてきた早稲田大学における国語教育は，どのような歩みをもって，どのように展開をしてきたのか。その歴史の意味を大学の教学史的な観点にも立って明らかにすること，そして早稲田大学における国語教育の展開を追跡・検証することを本研究部会の第一の研究目標とした。同時に，それは国語教育の諸課題を洗い出すことにほかならず，今日的な姿の解明と将来への問いかけの意味も含んでいる。その展望を第二の研究目標とした。これらの目標にアプローチを試みるために，本書においては早稲田大学国語教育学会の50年の歴史を辿りながら，将来に向けての展望を拓くことを心がけたつもりである。

　本書は全6章から構成されている。

　まず第1章では，早稲田大学における国語教育の様々な活動に広く目を向けて，その歴史の概要を整理するところから出発した。高等師範部などの戦前期から戦後の新制大学へと推移する状況，教育学部，専攻科，大学院教育学研究科の主な特色などに言及しつつ，早稲田大学国語教育学会，教育総合研究所，

そして「ことばの力ＧＰ」などの活動の実際を明らかにした。

続く第２章では，国語教育に深く関連する制度としての学習指導要領に目を向けて，その変遷とともに早稲田大学と国語教育との関わりを概観した。特に早稲田大学国語教育学会の活動を学習指導要領との関連から位置付けることは，早稲田大学と国語教育について考える際の一つの観点となった。

第３章では，早稲田大学国語教育学会に焦点を当てて，50年に及ぶ歴史を辿りながら，「学会短信」「遠望近視」『早稲田大学国語教育学会会報』などの具体的な資料に即して，学会の活動の主要な特色を明らかにした。

第４章では，早稲田大学国語教育学会の全体像を明らかにするために，例大会の内容，機関誌の内容，事務局の構成などを詳細に調査し，データとして一覧表の形式にまとめたものを中心に構成した。

第５章では，早稲田大学国語教育学会例大会の研究テーマの変遷に着目して，活動の特徴を明らかにしたうえで，学会が目指してきたものの特質を追究した。

最後の第６章では，早稲田大学国語教育学会の機関誌『早稲田大学国語教育研究』のバックナンバーの詳細な調査を通して，学会活動の50年の歩みを整理した。

それぞれの章の内容とも，研究部会のメンバーによる研究協議を経て検討されたものだが，責任を持ってそれぞれの章を分担して執筆したことから，章ごとの執筆分担を明記することにした。

以上のように，本書は早稲田大学と国語教育の関わりを，学会活動50年の歴史と展望を明らかにしつつ整理したものである。本書の内容が多くの関係者の間で共有され，改めて「早稲田大学と国語教育」について検証する一つのささやかなきっかけとなることができれば，執筆者一同これに過ぎる喜びはない。

2014年１月

編者　町田　守弘

目　　次

はじめに　i

第1章　早稲田大学の国語教育・堀　　　誠 ——————— 1
  1　文学科と高等師範部 ― 戦前の概略 ― ……………………… 1
  2　新制大学の発足 ……………………………………………… 6
  3　専攻科と大学院教育学研究科 ……………………………… 9
  4　教育学部50周年と早稲田大学国語教育学会 ……………… 11
  5　教育総合研究所と「ことばの力ＧＰ」……………………… 14
  6　将来に向けて ………………………………………………… 18

第2章　国語政策と早稲田大学国語教育
　　　　― 学習指導要領の変遷を通して ― ・林　　教子 ——— 21
  1　学習指導要領変遷と早稲田大学教育 ……………………… 21
  2　早稲田大学国語教育と学習指導要領の関連性 …………… 27
  3　これから求められる早稲田大学国語教育研究 …………… 29
  4　総　括 ………………………………………………………… 36

第3章　早稲田大学国語教育学会50年の歴史を辿る
　　　　― 早稲田大学と国語教育をつなぐために ― ・町田　守弘 —— 39
  1　二人の先学―坪内逍遥と五十嵐力 ………………………… 39
  2　早稲田大学国語教育学会に関する研究の端緒 …………… 42
  3　早稲田大学国語教育学会の歴史の概要 …………………… 44
  4　早稲田大学国語教育学会の特色 …………………………… 45
  5　「学会短信」「遠望近視」『早稲田大学国語教育学会会報』
　　 について ……………………………………………………… 48
  6　例大会の開催とその内容をめぐって ……………………… 51
  7　早稲田の国語教育を支えた川副國基 ……………………… 54
  8　総括と課題 …………………………………………………… 57

第4章　早稲田大学国語教育学会の活動と歴史
　　　　― 例大会の記録 ― ・大貫　眞弘 ─────────── 59

第5章　早稲田大学国語教育学会の活動の歴史
　　　　― 例大会の記録から見る研究テーマの変遷 ― ・松本　直樹 ─ 93
　　1　研究傾向の変遷 ……………………………………………… 93
　　2　古典教育の重視 ……………………………………………… 94
　　3　「国語教育」と「教材研究」の両輪 ……………………… 101
　　4　国語教育学会と教育学研究科国語教育専攻 ……………… 103

第6章　機関誌『早稲田大学国語教育研究』から見る早稲田大学
　　　　国語教育学会の歩み・李　　　軍 ─────────── 105
　　1　『早稲田大学国語教育研究』の構成上の歴史的変遷 …… 105
　　2　早稲田大学国語教育学会会則の改正 ……………………… 110
　　3　「現場から」の生の声 ……………………………………… 114
　　4　「編集後記」から見る機関誌の成長過程 ………………… 118
　　5　「特集テーマ」の設定から見る学会活動の歩み ………… 123
　　6　総　　括 ……………………………………………………… 125

おわりに ……………………………………………………………………… 127

第1章

早稲田大学の国語教育

堀　　誠

1　文学科と高等師範部 ─戦前の概略─

　1882（明治15）年10月，東京専門学校が創設され，今日にいたる早稲田大学の教育・研究の歴史が始まった。その8年後の1890（明治23）年9月には，この東京専門学校に「文学科」が創設される。その新たな一頁を開いたのが，早稲田大学の四尊の1人に数えられる坪内逍遙であった。

　前年の1889（明治22）年2月に大日本帝国憲法が公布，翌1890年11月に施行され，また民法（旧民法），商法（旧商法）の公布，施行をめぐる民法典論争，商法典論争が巻きおこり，学内的に政治科・法律科の科目を刷新する必要を生じる中，逍遙は「時文の紛乱を慨し，之を医するの道は和，漢，洋三文学の形式と精神とを兼修せしめて，調和に媒するより善きはなしと思惟」し（『早稲田大学開校・東京専門学校創立廿年紀念録』，1906（明治39）年3月），「文学科」を実現させるに至る。いわゆる「和，漢，洋三文学の調和」は明治維新後の文明開化を踏まえてこそ提唱されたもので，その基本理念は今日にまで語り継がれている。いまだ洋の素養が行きわたらない明治中期の事情に鑑みて，和，漢，

洋の三文学をバランスよく修得させることは日本の新時代の文化風土の形成に必要欠くべからざるものと発想されたといえる。

　この1890（明治23）年6月18日の『読売新聞』朝刊四面に掲載された東京専門学校の学生募集の広告[1]には、以下の通り、新たに開設する学科名は「英語文学科」とあった。

　　本校今般新に英語文学科を増設し来る九月より始業せんとす又法律科にて同月より主として民法商法等の法典を教授すへし
　　来る七月一日午前九時より入校試験を執行す志願者ハ前日迄に申込あるへし（下略）

この入校試験の後、再募集・編入試験があり、『読売新聞』8月30日朝刊四面には、「来る八月卅一日（午前九時）を以て左の諸級（新入生）を募集す」として、「政治科」「第一及第二法律科（司法及行政科）」に次いで「文学科」「英語普通科及予科」が挙げられている。まさに「英語文学科」から「英語」の2文字が除去されて、「文学科」の3文字のみが確認される。さらに『読売新聞』10月4日朝刊四面、『郵便報知新聞』10月5日号などの募集広告には、「文学科」に関しては、「英語専門科」の説明文の中に次のように記される。

　　本校英語専門科（政治、司法、行政）ハ予科壹ケ年普通科三ケ年の課程を経たる者を教授する者にして世に所謂大学科なる者なり今年更に内外の諸士を聘して文学科を組織す有志の士来学あれ此学科は卒業期限三ケ年にして教科書は学校より貸与す

卒業期限3年、教科書貸与という「文学科」のありようが示される一方、募集広告には、「文学科受持講師」が掲げられる。その講義ならびに講師を一覧すると、「国家論」高田早苗、「万国史」下山寛一郎、「論理学」三宅雄次郎、「徒然草」畠山健、「今古集・文学作歌」落合直文、「英文学史」坪内逍遥、「課外講義」饗庭篁村、「論語講義」三島中洲、「史記講義」信夫恕軒、「杜詩偶評講義」森槐南、「詩経講義」森田思軒、「和文学史、和文文法」関根正直といった錚々たる顔ぶれが確認される。こうした逍遥を中心とした人選配置によって、文学科の講義がスタートしている[2]。

東京専門学校は、創立20周年を迎えた1902（明治35）年9月に大学部を開設し、校名も早稲田大学と改称され、大学部の中に政治経済学科・法学科と並んで文学科（修業年限は予科1年半と本科3か年）が置かれることになるが、これより先、1899（明治32）年4月5日に発令された文部省令第25号「公立私立学校・外国大学校卒業生ノ教員免許ノ件」によって、従来官学出身者のみに許されてきた中学校教員資格の「無試験検定」の道が私学出身者に対しても開かれることになった。いわゆる許可学校方式の始まりである。ここに、一定の学科課程を修了した卒業生に免許状が与えられることは、いまだ官尊民卑の風潮の色濃い当時にあって、ようやく私学の教育そのものが認められてきたことを意味し、まさに社会的不均衡に苛まれてきた私学関係者にとっては、社会的進出を一歩進める一大朗報となった。東京専門学校においても、早速に規則を改正して申請手続を完了し、その7月7日には樺山文相の名において認可されるにいたった。この間の経緯を記した中桐確太郎「高等師範部の今昔」（『早稲田学報』第394号、昭和2年12月）には、

　　但し此時この特典を得たものは、文学部の哲学及英文学科と国語漢文及英文学科と史学及英文学科との三学科であつて、予科半年、本科三年の修業年限といふのでありました。

と記されている。この「無試験検定」による中学校教員の資格取得は、条件を満たす学科にのみ限られたものであるにしても画期的なことであったが、その道筋が拓かれたのは、1898（明治31）年に第1次大隈内閣（隈板内閣）で文部省参事官、高等学務局長、参与官兼専門学務局長に任ぜられ、後の1915（大正4）年には第2次大隈重信内閣の内閣改造で文部大臣として入閣する高田早苗の力が大きかったともいわれている。

　ここに文学科に創出された中学校教員の無試験検定[3]の好環境は、旧来の邦語専門諸科を再編した専門部の中に移行して組み込まれるところとなった。この専門部に設置された国語漢文科が国語・漢文、歴史地理科が歴史の地誌・地文、法制経済及英語科が法政・経済・英語の免許を与えられることになり、校名を「早稲田大学」に改めた翌年の1903年（明治36）には、発展的な新組織

として高等師範部が国語漢文科,歴史地理科,法制経済科,英語科の四科の構成で開設されるにいたる。この国語漢文科をはじめとする高等師範部には,前年に発足した専門部の学生をスライド編入させたと見られている。

こうして学内の教学組織が整えられてくるが,いまだ不安定で,1907(明治40)年には高等師範部を大学部に編入して師範科と改称し,翌1908(明治41)年には学則改正により大学部師範科を廃止して文学科に編入し,国語漢文科は和漢文学科に吸収され,さらに翌1909(明治42)年には大学部文学科のうち,和漢文学科・英文学科・史学科を廃合して再び高等師範部を置く。

1916(大正5)年には研究科を開設。たとえば,国語漢文科で「国語」は取得できても「漢文」の免許を取得できなかった者を再教育する等の場になっていたらしい。1918(大正7)年には,中等教員無試験検定の資格が与えられていなかった数学科・理化学科の二部が廃止となった。1920(大正9)年には高等師範部を専門部に移して高等師範科とし,翌1921(大正10)年には三たび高等師範部と改称する。

めまぐるしい組織的な変更はあったものの,そもそも高等師範部における国語の教員養成を学内的にどのように創りあげていったか。坪内逍遙は,1872(明治5)年の「学制」の公布,1886(明治19)年の「学校令」,1900(明治33)年の「小学校令」の公布による近代の公教育の展開の中で,冨山房版『国語読本』の編集に情熱を傾けたことが知られる(第3章参照)が,この逍遙の推挽を得て,高等師範部の創設以来その国語漢文科を支えることになったのが,文学科の第1回卒業生(明治26年)の永井一孝であった。国文の訓詁註釈に秀でた永井の資質を早くに見出した逍遙は,訓詁に明るい関根正直に指導を託して薫陶したという。

同時に国語漢文科では「国語」と「漢文」の免許の取得が課され,その「漢文」の教習が大きな特徴となっていた。早稲田大学は校外にあって科目を講習する人々に対して1887(明治20)年以来「講義録」を提供して[4],いわゆる「校外教育」の先駆的な役割を果たしてきたと評価されてきたが,この「校外教育」の方面でもう一つ大きな意味を持ったのが,『漢籍国字解全書』の出版で

あった。1909（明治42）年から1917（大正6）年にかけて，早稲田大学出版部から四回にわたって予約出版された『漢籍国字解全書』は，「先哲遺著」の四文字を冠し，第1輯12冊および第2輯第5冊までが江戸時代の儒者たちの手になる注釈（いわゆる「国字解」）を翻刻したものであり，その後のものは当時学内に在った菊池三九郎・牧野謙次郎・松平康国・桂五十郎が注解を担当した。本叢書は爆発的ともいえる売れ行きを示すとともに，それがまた「早稲田漢学」の社会的評価を促進し，それを確固たるものにしていった。

　　早稲田の漢学は昔から定評があって，世間で「早稲田漢学」と呼ばれていた時期もある。この「早稲田漢学」が高等師範部の国語漢文科のなかの漢文学を支えていたのである。「早稲田漢学」を形成した人達には，東京専門学校に文学科が開設されたころからの教師である天行松平康国をはじめ，藻洲牧野謙次郎，晩香菊池三九郎，湖村桂五十郎らがあり，昭和五年からは雪山川田瑞穂も加わった。なかでも松平・牧野の如きは時の枢密院の漢学好きの古老達とも通じ，南北朝正閏問題や皇太子（昭和天皇）妃冊立の問題にも動いた国士型の風格を持っていた。普段は穏かであるがひとたび動けば万波を呼ぶので大学当局も高等師範部の教授会には一目置いていたような時期があった。

『早稲田大学百年史』別巻Ⅰ（1990.10）に収める「第一編学部」「第四章教育学部」「一高等師範部時代」「2高等師範部の沿革」からの引用である。引用部分は，文中に名の上がる牧野謙次郎が高等師範部長を務めた「昭和四年—昭和十二年」の項に見える記載であるが，いずれもが筋金の通った教育者でもあり，今日にいたるまで，漢文学や中国古典を尊重する姿勢は教学や教員養成の中に受け継がれているといえる。

　この高等師範部の行事として興味深いのが，国語漢文科と英語科で行われてきた研修旅行である。同上書の「5高等師範部の雰囲気と行事その他」の中には，その当時を回顧して次のような記載がある。

　　今日のように教育実習というものが制度化されていない時期であったので，先生方が各科の学生を引率して各地の中等学校の授業参観をして歩く旅行

であった。これも大正中期以後に始まったものであろうと考える。この慣習は，教育学部になった今日でも国語国文学科では文学史蹟の踏査研究という形（中略）で踏襲されてきている。高等師範部時代は学生の数も少なく，全員がよく参加し，普段は雲上人のように畏敬して近寄りがたい先生達と数日寝食を共にし，意外な効果があった。

この大正期にまで遡り得る「研修旅行」は1980（昭和55）年ころまで教育学部国語国文学科に引き継いで行われ，現在ではゼミ単位での研修や合宿に姿を変えて生きつづけている。

教育界との関わりについていえば，1935（昭和10）年ころ，牧野謙次郎は『漢文読本』を編み，五十嵐力が『純正国語読本』を編んだ。牧野は上述の通り，その時期に高等師範部長を勤め，また文学科の第3回卒業生（明治28年）で文学科を担った五十嵐は，小学校教科書に力を尽くした逍遙の衣鉢をついだともいえる。ここにまた教育界への早稲田の貢献が確認される一方，高等師範部の第1回卒業生（明治38年）には近世文学の山口剛がいた。山口は1932（昭和7）年に急逝するまで，永井一孝のもとで高等師範部に育った1914（大正3）年卒業の竹野長次（中古文学），1919（大正8）年卒業の佐々木八郎（近世文学）とともに高等師範部の教壇にも立ち，後進の育成に尽力した。竹野と佐々木は教務をも担い，1930（昭和5）年卒業の川副国基（近代文学），1932（昭和7）年卒業の大矢根文次郎（漢文学）らと，戦後の教育学部と国語国文学科を牽引していくことになる[5]。

2　新制大学の発足

1949（昭和24）年4月，戦後の新制大学の発足にともない，早稲田大学においては，文学科は第一・第二の文学部に，高等師範部は教育学部に生まれ変わり，新しい教育がスタートした。新しい教員養成法規である「教育職員免許法」が同年9月から施行されるに当たり，「学則」第19条には，

　　教員の免許状を得ようとする者は，所属学部の科目のほかに教育学部に

配置された教職課程の科目を履修しなければならない。

ことが明記された。教育学部は全学の「教職課程」を担うこととなるが，その当時の学制改革の中における教育学部の存在そのものについて考察するに，学部事務所に保存される『学部要項― 昭和二十九年度 ―』「1．教育学部の沿革と理想」に，次のように記される。

　　　昭和二十四年以来，全国各地に設置された新制大学は，公私を通じてその数は夥しいが，私学における教育学部は独りわが早稲田大学教育学部あるのみである。この事実は，文化国家の建設における早稲田大学教育学部の地位を明らかにするものである。

当時における私学唯一の教育学部としての開設は，もちろん礎石無くしてなし得るものではなかった。早稲田大学における教員養成の歴史は，組織的には古く1903（明治36）年に開設された高等師範部に溯るもので，「それより約半世紀の間に，高等師範部は全国の教育界に数千の人材を送り出し，大学・高等学校・中学校，そのほか社会教育の各分野に重大な貢献をなし来つた。」というその実績と評価を踏まえるものに他ならない。

　　　昭和二十四年，早稲田大学が新制大学として再編成されると同時に，旧高等師範部を母胎として現在の教育学部が創設された。従つて，新制大学の一学部としての歴史はいまだ十年にも満たないが，旧高等師範部以来の光輝ある伝統は既に半世紀を超え，早稲田大学建学の精神を基調とし同時に時代の要請に相応する教育理念の確立と実践においては，既に着々とその歩みを進めつつあるのである。

引用には，新生教育学部の将来を見すえた記載が展開する。ここに新たなる開放性の教員養成の仕組みを取り入れ，中学校・高等学校の教員免許状取得を可能にした教育学部においては，ひとり狭義の教員の育成のみならず，広義の「教育者」の育成を主要な目的に掲げた。その「早稲田大学の建学の精神を体得し，優れた学識と高い人格とを備え，その職場の何たるを論ぜず，社会の指導者たるの情熱に燃えて新しき世界の確立に挺身する人材の育成」を目的とする姿勢は今日に受け継がれる基本理念といえる。

その新たな教学環境の中で国語教育は，どのように展開されたか。教育学部国語国文学科においては，『学部要項―昭和二十九年度―』の「2．各専攻学科の性格」「⑵　国語国文学科」に学科の学問的な指針を次のように記している。

　　　　国語に対する学術的認識なくして，国文学の正しい理解はあり得ない。旧高等師範部以来の伝統たるこの立場に基づき，まづ国語学・国文学の一般にわたり着実な基礎的教育を与え，学生各自の素質・傾向に従つて，更に国語学又は国文学における高度の研究に進ませる。高等学校・中学校における国語教育が，言語・文学の二系統にわたつて実施されている今は，当学科における此の根本的方針が今後の国語教育者の育成に完全な適応を示していることは勿論であるが，教育を離れた純然たる国語学研究又は国文学研究のためにも，語学・文学の二面に亙つて偏向なき学的基盤を有することは，新時代における学術研究の正しい方向に外ならない。

　学科名にもうかがえる国語学・国文学への取り組みはもちろんのことであるが，高等師範部国語漢文科以来の学統を継いで，中国の学問・古典を枢要な位置に据えて，研究・理論の空間と実践の空間の融合を視野に入れた国語教育を育むカリキュラムが構成されたことが知られる。

　卒業に要する単位は136単位（体育4単位を含む）であったが，カリキュラム上，教員免許状を取得しようとする者が履修する教職課程科目の履修単位数（20単位以上）は卒業単位には含まれなかった。当時の学科の専門教育科目（84単位が必須）に目を向ければ，必修科目52単位（卒業論文8単位を含む），専門選択科目20単位，共通選択科目12単位の履修が必須となるが，当時のカリキュラムは通年2単位の演習科目が手厚く配当されて，国文学・国語学・中国文学・国語教育を，それも各時代・ジャンルを網羅するがごとくにハードな形で構築されていた。すなわち，中学校と高等学校の言語・文学両面にわたる国語教育に十分に対応できるような教育者の育成を目指し，着実な訓詁注釈を基盤として，学生が将来国語教育にたずさわるときに最も必要な専門教養の育成につとめてきたということもできる。

　この方針に基づくカリキュラムが，出身者の，いわゆる教職課程の「教科に

関する科目」における国語科指導力を支えてきたといえる。そして，国語科の「教職に関する科目」に関していえば，その根幹となる「国語科教育法」は教育学部国語国文学科が担い，全学的な国語科教員養成の中心に立ってきたことを見逃すことはできない。

　やがて1991年の大学設置基準の大綱化以降，各大学はもとより，学内各学部においても卒業単位数とカリキュラムを見直し，教育学部の場合も1994年4月からは，卒業に要する単位数を124単位以上に変更することになった。そして2000年度の教員免許法の改正による教職科目の増大は，教職課程の履修単位の卒業単位への算入の道を開くこととなり，教育学部国語国文学科にあっては，18単位までの算入を認めることとなった。この変更と相前後して，国語国文学科では2002年度から，専門必修科目を36単位に減じて，専門選択科目を38単位とする履修の自由度を増した新カリキュラムに移行し，履修者の主体性な科目履修を可能にした。かつ2013年度からは半期科目化を含んだ修正がなされた。以上を総じれば，教員免許の取得が従来よりも容易な環境が生まれ，履修者の必要に応じて専門性を高めうる環境が提供されてきたということができる。ただ，その環境は従来の総合的な力量の形成という点ではマイナスの因子をはらむことも否めず，諸刃の剣的な一面も認められる。

3　専攻科と大学院教育学研究科

　戦後の学内で国語科の教員免許状を取得できるのは，文学部と教育学部とであった。文学部は1951（昭和26）年に大学院文学研究科修士課程，1953（昭和28）年に博士課程を開設し，上級免許を含めた免許取得の環境が広がった。文学研究科は研究者養成を主眼としてきたが，そこを巣立って教職に就いた人々の数も少なくなく，教員養成に果たした役割もまた大きい。これに対して教育学部に「専攻科」が設置されたのは，1958（昭和33）年4月のことであった。これは，1954（昭和29）年5月の「教育職員免許法」の改正によって，高等学校一級免許状の取得の道が，大学院での修士学位の取得によらずとも，大学に

設置された専攻科または文部大臣の指定する課程に1年以上在学して，30単位以上を習得した者にも認めると変更されたことに依るものである。高等師範部以来の伝統に鑑みて，学内的に教員養成の環境と需要の見込みうる国語国文学専攻科と英語英文学専攻科の2コースを申請して開設した。定員は各専攻科50名で，国語国文学専攻科は14科目56単位を配当してスタートした。第1時限目は午後3時50分にはじまり，いわば夜間開講学部的な存在でもあったが，現職者はもとより学部を卒業した教員就職希望者が教科教育を中心に研鑽を積み，教員採用試験がいまだ高倍率で難関であった時代に，多くの人材を教育界に輩出した。その担当教員と受講生が親密に語らう学びの空間は，この組織が1990年3月を以て32年にわたる歴史を閉じ大学院教育学研究科に発展的に解消する際に刊行された『早稲田大学専攻科のあゆみ』所載の各位の談義の中に一目瞭然となろう。国語国文学専攻科の修了生総数は828名である。

　こうして1990年4月，大学院教育学研究科が開設の時を迎えた。学内的な合意形成を経て，文部省の指導（1987年10月）により名称を当初予定した「教育科学研究科」から「教育学研究科」に変更し，学校教育・国語教育・英語教育・社会科教育の4専攻による構成で具体的な準備が推進され，ついに開設に漕ぎつける。その私学としては最初の認可となる大学院教育学研究科修士課程の開設は，かつての教育学部の設置と同様に大いに脚光を浴びたものであった。ここに国語教育専攻は，「国語科教育研究指導」（2 研究指導），「国語学研究指導」（1 研究指導，現「日本語学研究指導」）・「国文学研究指導」〔古典文学〕（2 研究指導）・〔近代文学〕（2 研究指導）の7研究指導を立ててスタートした。

　「研究指導」の担当者は，併設された「特論」の担当者と協力して育成指導に当たる方針でスタートするとともに，その後，「国文学研究指導」〔古典文学〕の1研究指導の増設が認められ，懸案であった上代・中古，中世，近世の古典3ゼミによる指導が実現し，かつ同〔中国古典文学〕（1 研究指導）の新設，さらに同〔古典文学〕〔近代文学〕の研究指導の増設が認められ，現在の研究指導クラスへと展開してきている。かつ専攻科の修業年限を意識した現職者を対象とする1年制コースも2003年に開設され，就学環境は順次に整備され

てきた。

　1995（平成7）年4月には博士課程も認可され，「教科教育学専攻」の中に，「国語科教育学研究指導」（2　研究指導），「国語科内容学研究指導」〔国語学・日本語学〕（1　研究指導）・〔古典文学〕（2　研究指導）・〔近代文学〕（2　研究指導）が置かれた。後に，「国語科内容学研究指導」〔中国古典文学〕（1　研究指導）が新設，同〔古典文学〕〔近代文学〕の研究指導も増設され，現在に至っている。

　大学院教育学研究科の設立によって，早稲田大学における国語教育研究は，長きにわたって国語教育界への人材の育成と現職教員の再教育に貢献してきた教育学部国語国文学科，および国語国文学専攻科の歴史の上に立って，新しい時代にふさわしいより高度な識見と力量を持った国語教育の研究者および実践者の育成を目指すものへと大いに飛躍することになった。1990年度から「教育学研究科紀要」，1992年度から「教育学研究科紀要別冊」が刊行され，教員ならびに院生の研究発表の場として有効に機能し，2000年3月には『早稲田大学教育学研究科一〇年史』，2010年6月には『早稲田大学教育学研究科二〇年の歩み』が刊行されている。また人材の確保にあっては，一般入試に加えて，修士課程には特別選考制度入試，博士課程には専門職業人入試を用意して，現職教員や専門職業人を積極的に迎え入れてもいる。修士課程に関しては，2009年度入試から教育学部国語国文学科在籍者に対する推薦入試制度が導入され，学部・大学院を貫く広義の国語教育人材の育成の道が拓かれることになった。

4　教育学部50周年と早稲田大学国語教育学会

　1999年には新制大学の発足から満50年を迎えて各学部は開設50周年を祝うこととなったが[6]，この間，早稲田大学における国語教育を考えるとき，その学内外にわたる活動を牽引してきたのが，1963（昭和38）年10月に設立された早稲田大学国語教育学会であった。この学会が呱々の声をあげるに当たっての設立総会開催の案内状が事務局のファイルに保管されている。

拝呈

　秋涼の候いよいよご清祥の御事と存じます。

　さて，母校早大の国文科を卒業されて中・高校の教職に就かれた方々は，まことに多数にのぼり，わが国国語教育界の一大勢力となっております。

　ところで，母校早大にも，時枝誠記先生・白石大二先生をはじめ，国語教育界の指導的地位にある方々を多数擁しておりますので，このあたりでひとつ，とりあえず東京中心ということになりますが，早大国語教育学会というものを結成し，母校の国文の先生方と現場の国語教育に挺身しておられる校友の方々との，親しい交流の上での研究をもちたいという機運が，盛りあがって来ました。

　つきましては，左記のような要領で学会の発会式および総会を持ちたいと存じます。研究と懇親との二つの意味で，皆さんふるって御入会下さって，今後，月一回の例会にも，元気なお姿をお見せ下さるようにおねがいを申し上げます。　　　　　　　　　　　　　　　　　　　　　敬具

　　九月十五日

　　　　　　　　　　　早大国語教育学会設立世話人代表　　川副国基

早大国語教育学会設立総会　次第

　　時　　十月五日（土）午後二時〜五時
　　場所　早大小野梓記念講堂
　　一　会則審議
　　一　会長・副会長・顧問・運営委員選出
　　一　講演　早大教授　時枝誠記先生
　　一　五時から大隈会館内校友会館で懇親会（会費三〇〇円）

　御入会の方は，今年度分会費百円を，当日御持参下さるか，振替で「東京八五二七番　早稲田大学国語教育学会」宛ご送金下さい。

この設立総会に先立つ7月15日には設立準備の会合が持たれたことも明らかになる。「会則（案の案）」に基づく審議がなされ，「付則」には，昭和38年度に限り会計年度を10月1日から翌年3月31日までとする旨を記す。

以来，50周年となる今日までたえず学会活動を展開してきた意味は大きく，その創り出した成果も少なくない。会則第3条には，「国語教育に関する研究，会員相互の親睦，並びに後進の育成をはかることを目的とする。」と記し，第4条には，その目的を達成するために以下の事業を行うとする。
　　一　大会・例会・研究会・講演会などの開催。
　　二　研究授業および授業参観。
　　三　機関誌の発行。
　　四　その他。
　会員は当初，早稲田大学出身の公立および私立の中学・高等学校，大学の教員が占めたが，大学院教育学研究科の開設にともない，大学院生数が増え，従来の組織と活動に奥行きが生まれてもきた。
　すでに述べたように1999年に教育学部は開設50周年を迎えたが，この慶賀すべき年の6月，早稲田大学国語教育学会もまた37年目にして例大会通算で200回目の記念すべき会合を開催するにいたっていた。そこに教育学部と早稲田大学国語教育学会の歩みの奇縁を思わざるを得ないのである。因みに，記念すべき第1回例会は，白石大二による「語学教育と国語教育」を掲げて，開設翌月の11月に開催されている。この例大会に関する記録によれば，1979（昭和54）年度以降は，年間4回（大会1回・例会3回）の会合がオフィシャルに開催されてきているが，それ以前の活動ははるかにタフで，大学の休業あるいは繁忙の月を除いて，年間7～10回の会合がもたれていた事実が確認されるのである。いまだコンピュータなどを操って事務処理や印刷などを思いのままに行い得ない時代のことである。毎回の案内はがきの宛名書きをはじめ，事務処理等はすべて人力頼みで，先生方が多くを負担されていた。まさに隔世の感ありで，往時の人々の情熱的なエネルギーに感服せざるを得ない。
　また，回数こそ少ないが「研究授業および授業参観」も行われ，例大会より小規模な活動の場として会員有志が参画する「研究会」も組織化される一方，1968（昭和43）年に創刊された「会報」（17号まで）を踏まえて，1981（昭和56）年3月には待望の機関誌『国語教育研究』が発刊に漕ぎつけ，通算33集を数え

るにいたっている[7]。

5　教育総合研究所と「ことばの力ＧＰ」

　早稲田大学は1982（昭和57）年10月21日に創立百周年を祝ったが，その後，1986年には「教育総合研究室」が開設され，「教育」をキーワードとする全学的な英知を結集した学術的な研究部会や講演会・シンポジウム等が展開され，その成果は「コロキウム」（のちに「所報」と改題）ならびに機関誌「早稲田教育評論」，「早稲田教育叢書」（単行本）に発表されている。特に大学院教育学研究科の開設は，その諸活動に弾みをつけ，1998年9月には教育総合研究室から「教育総合研究所」に昇格して，新たな展開期を迎え，教学・研究に関わる学内的な環境が整えられてきたが，その研究部会には，国語教育関係の研究テーマも採択され，早稲田大学の国語教育研究推進の場として有効に活用されている。「早稲田教育叢書」として公刊された国語教育関係のものは7冊を数える[8]。

　その後，2007（平成19）年には創立125周年を祝うが，それに先んじて学内では2004（平成16）年9月から学術院制度が導入され，教育学部・大学院教育学研究科・教育総合研究所をもって「教育・総合科学学術院」という新しい組織体が構成された（その後，2008年4月に新設の大学院教職研究科が加わる）が，その時期には学校教育の環境をめぐる種々の問題が投げかけられた。2005（平成17）年春，文部科学省は，少子化，授業崩壊，いじめ，不登校，学力低下，キレやすい子ども，特別支援教育といった近年のさまざまな問題と課題に直面している教育現場の著しい環境変化の中で，資質の高い教員養成を推進するべく「大学・大学院における教員養成推進プログラム（教員養成ＧＰ）」を公募した。早稲田大学が教育・総合科学学術院を中心として申請した「教育臨床を重視した教員養成強化プログラム―開放制を基盤とした早稲田モデルの提案―」（「教育臨床ＧＰ」と略称）は採択されるや，事務局を教育総合研究所に置いて，同年秋から2007年3月にいたるプログラム（実行委員長：坂爪一幸，副委員長：堀

誠・湯川次義）を始動した。さらに翌2006年春には，「教員養成ＧＰ」の第二弾となる「資質の高い教員養成推進プログラム」の公募に際しては，教育学部国語国文学科が立案した早稲田大学の「言葉の力を創生する教員養成プログラム―世界へひらく国語教育のために―」（「ことばの力ＧＰ」と略称）が採択され，同年秋から2008年3月まで教育学部国語国文学科を中心として文学学術院とも協力して精力的に取り組むことになった（実行委員長：大津雄一，副委員長：金井景子）。

　「ことばの力ＧＰ」は，「教育臨床ＧＰ」に同じく「インテンシブコース（教員養成）」・「現職研修」・「教育総合クリニック」の部門を三位一体とするプログラムであり，とりわけ教科教育の立場から，柔軟な方法論の学習と実践を通して，高校あるいは中学の国語科教育を有効かつ魅力的に展開する力量を持つ国語科教員を養成することを意図して，パンフレットには，

　　ことばは，人が社会生活を営むために不可欠なものです。にもかかわらず，近年は若者たちの，読む・聞く・書く・話すという能力の低下が問題にされています。それは，コミュニケーション能力だけではなく，論理的思考や創造あるいは想像の能力の低下をも意味しています。現在の若者たちが「個」の世界に閉じこもりがちであることの原因の一端がここにあると思われます。加速する情報化社会の中，しかも多文化社会の中で生きざるを得ない若者にとって，これは深刻な問題です。

　　このプログラムは，ことばの機能を十全に理解し，それを使いこなせる教員，若者たちの「ことばの力」を養い，自らの可能性を切り開く力を育成できる教員の養成を目指します。

と問題提起と目標とを記した。プログラムのマスコット・キャラクターには，『枕草子』「鳥は」の段にある「こと所の物なれど，鸚鵡（おうむ），いとあはれなり。人のいふらんことをまねぶらんよ。」に着眼してオウムを選び，公募によって「言（こと）ちゃん」と命名された。

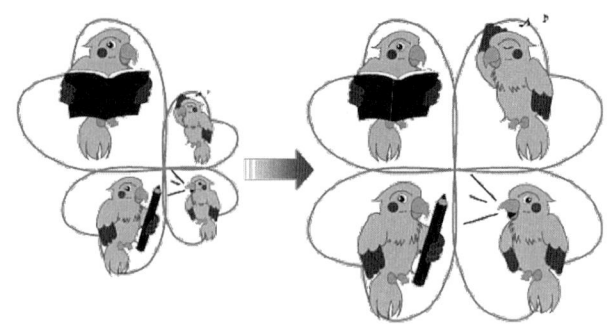

読む・聞く・書く・話すをバランス良く

言葉の力を創成生する教員養成強化プログラム

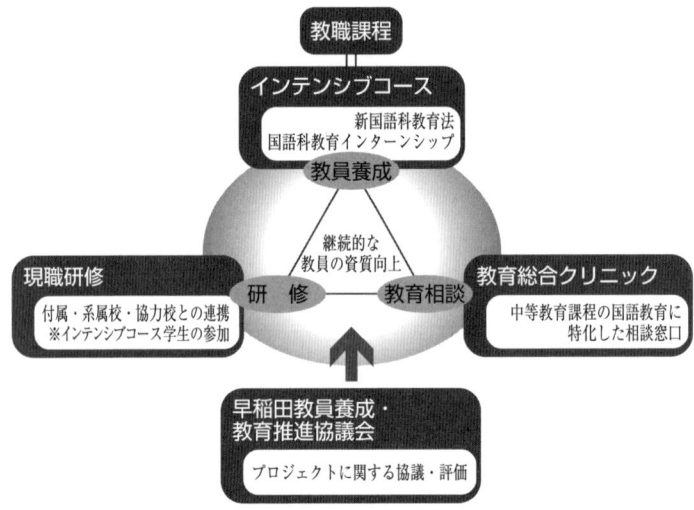

　「インテンシブコース」は，国語科教員を目指す学生・院生のための特別集中講座であり，10月からの活動となった初年度はプレ・コースとして実施し，二年度目の「新国語科教育法」は，以下の複数の講座を展開した。
　①「国語総合」のための教育講座（「日本語」再発見講座・私の位置を探そうプロジェクト）
　②マルチメディア時代の「表現」のための教育講座

③ さまざまな価値観を学ぶ「現代文」「古典」のための教育講座
④ 身体で学ぶ教育講座（「声」を活かすワークショップ・マイクロティーチング活用法）

　また，もう一つの科目の「国語科教育インターンシップ」は，協力校である海城中学・高等学校，吉祥女子中学・高等学校，東京都立文京高等学校，早稲田大学高等学院，早稲田大学本庄高等学院，早稲田実業学校，早稲田中学・高等学校で，学校・教室という空間を体験し実践力を鍛えてもらうためにスーパーバイザーの教員が派遣学校との連絡調整に当たり，受け入れの先生方と協働して双方向的な学生指導につとめた。

　「現職研修」の関係は，講演会・シンポジウム①国語教育のこれから（GP発足記念）をはじめ，②俳句・川柳で育てる「ことばの力」，③「言葉の力を創生する ― 国語教育の現場から ―」，④漢文教育の内と外，⑤読みの授業を考える ― 国語科総合単元学習・一読総合法・言語技術教育 ―，⑥世界の国語教育 ― フィンランド，アメリカ，中国，韓国 ―，⑦披講の会「和歌を声で届ける」を，早稲田大学国語教育学会および同愛知支部との共催で開催した。加えて，文学散歩①近代文学篇 ― 小石川と本郷を歩く ―，②近世文学篇 ― 深川を歩く ―，連続講演会「記憶を語ることば」①水俣・〈語り部〉たちの現在，②広島 ― 東松山で考える　丸木俊，位里のしごとをどう伝えるか ―，③沖縄　いま，読谷村から語りかける ― 地域ガイドというしごと―，公開講演会①「朗読を楽しもう ― 届く声で語りかける ―」，②現代詩は教室で教えられるか，を企画・実施して好評を博した。

　同時に「教育総合クリニック」内に国語科教育相談窓口を設置し，現職教員や保護者あるいは教員志望の学生などからの相談に応じる試みにも取り組んだ。

　これらの各部門の活動は，学校・教育委員会との連携が必須であり，早稲田大学国語教育学会の会員はもとより，校友教員によって全国的に組織される「稲門教育会」の支援と理解を得た。同時に，「早稲田教員養成・教育推進協議会」を組織して，連携協力校・教育委員会・学内箇所・学外者をも含めて点検・評価を行うにとどまらず，教員養成や現職研修を出発点としてより広く

「教育」を語らう場が形成され，プログラム終了後の2008年度からは，インテンシブコースのランディング科目として，教職科目に「新国語教育講座」「中等国語科インターンシップ」，および国語国文学科の専門選択科目に「授業に活かす朗読講座」「届く声を育てるワークショップ」「授業に活かすマルチメディア」を設置した。

　「ことばの力GP」を推進した力がまさに国語国文学科の「学科力」ともなって関連カリキュラムの開発にも有効に機能し，有形・無形を含めて計り知れない貴重な副産物を今日に残したということができる。引いては，二つのGPを介しての教育関係者との協働的交流が，2008年4月の大学院教職研究科の開設ならびに教育学部教育学科初等教育学専攻の開設に確かな下地を創りだしたということができる。

6　将来に向けて

　教育の現場がさまざまな問題や課題に直面する環境の中で，教育職員免許状の取得制度あるいは教員養成のありようが模索されている。国立大学の教員養成系学部のあり方も変貌しているが，早稲田大学が開放性による教員養成の形をとりつつも，教育学部の教職課程を中心に教員養成を積極的に推進している意味は大きい。なかんずく国語教育にたずさわる人材の育成にあって，学部教育の段階にとどまらず，私立大学にして国語教育専門のブランチを有する大学院をもつ事実は大いに意義深いものがある。この早稲田大学の展開は，全国的にも注目を集めるところとなった。その後，国語教育学の代表的な学会である全国大学国語教育学会が，2003年5月の大会会場として私立大学として初めて早稲田大学を選んだのは，積み上げられてきた早稲田大学における国語教育の研究実績の上に立つものと言ってよい。そして何よりも，このいわゆる「国語教育」は，国語教育学的観点に立脚して研究するばかりでなく，教科内容学的観点からより高い専門性を保障すべく，国文学・日本語学・中国古典文学の時代・ジャンルの細部に踏み込んだ多義的な研究をも可能にしていることを見落

してはならない。いわゆる「教職大学院」として早稲田大学にも大学院教職研究科高度教職実践専攻が開設されているが、そこでも教科教育の知見は重要であり、国語教育に関する科目も設置されている。

　年来、数多くの国語科中・高教員免許の取得者を養成し、教育実践の場ともさまざまに協働してきた。その多角的な協働こそ、実践と理論の融合をも可能ならしめ、早稲田大学における国語教育の質を大いに高めてきた源泉ともいえる。その意味で、早稲田大学国語教育学会の存在とその役割は不可欠そのものである。そして初等教育学専攻の開設にともない、中・高等学校のみならず小学校をも見すえた国語教育の展開も必須となる。小学校免許状と中・高免許状をあわせもつ意味は大きい。とりわけ国語科に軸足を置いた教員の養成は、小学校高学年での外国語（英語）教育の導入と相俟って、その母語の形成と伝統的文化の理解の観点からも重要度を増すにちがいない。

　早稲田からの発信なくして、協働は生まれない。実践と理論の融合の双方向的な回路を作り出しながら、大学の学生・教員と学校教育の教育現場とが一緒に教員を養成していくことが今後さらに求められるであろう。その意味からも、早稲田大学出身教員の集まりとして機能する「稲門教育会」の存在意義は極めて大きい。また教科を超えた総合的な学習をはじめとする教育の場にあって、国語は教科を取りもつ重要なファクターともなる。早稲田大学の国語科教員の養成においてまた留意されるべきことの一つである。

【注】
1 ）翌 6 月19日朝刊五面に広告が載る。
2 ）『読売新聞』1890（明治23）年 8 月30日朝刊四面の広告には　募集科のあとに、「法律科ハ専ら新法典を教授す文学科ハ本年の新設に係る」に加えて、「諸科担任講師姓名左の如し」と一覧が付され、そこには森鷗外の名を認める。また、10月 4 日等の募集広告にある受持講師の中には、饗庭篁村・畠山健の名は記されていない。
3 ）船寄俊雄／無試験検定研究会編『近代日本中等教員養成に果たした私学の役割に関する歴史的研究』（2005年 2 月、学文社刊）第 1 章「戦前期中等教員養成における無試験検定制度史」第 4 節「私学を含む無試験検定制度の成立－許可学校方式の登場」には、「1899（明治32）年 7 月 7 日　私立東京専門学校文学部（修身・教育・

英語・国語及漢文・歴史・地誌・地文)」と記載されている。
4)『読売新聞』1890（明治23）年10月4日・6日の朝刊四面所掲の募集広告には，「講義録」の発行編輯の刷新を記し，その間，「講義録ハ明治廿年始めて発行したる者なり其後年々改良を加えたれと本年は殊に加え殆んと面目を更めたり」と沿革を略記するのに依る。
5 ）本節の記述は，『早稲田大学百年史』別巻Ⅰ（1990.10）「第一編学部」「第四章教育学部」「一高等師範部時代」に依拠するところが少なくない。詳細は該書を参照されたい。
6 ）教育学部では，その将来像を展望するシンポジウム等々が企画・開催されるとともに，学部の歩みを記すべく『早稲田大学教育学部五十年』が刊行された（2000年3月刊）。当時学部長を勤めた津本信博「序文」，榎本隆司「高等師範部から教育学部へ — 教育学部発足と理念 —」をはじめ，国語国文学科に関しては，学科主任であった桑山俊彦「現在の国語国文学科の姿」・戸谷高明「三遷回顧」・小林保治「国語国文学科・専攻科出身教職関係者の紹介」の他，卒業生からの思い出十五篇，専攻科に関しては榎本隆司「専攻科」，大学院教育学研究会に関しては教研政務委員であった岩淵匡「教育学研究科」，また，国語教育学会に関しては，紅野敏郎「国語教育学会の最初期」，総務担当者であった堀誠「国語教育学会の活動」も収載されており，当時の様子を知るまとまった資料となっている。
7)『早稲田大学国語教育研究』第30集（2010年3月刊）は，「早稲田の国語教育」の特集号として企画され，参考に資するべき論文類が少なくなく，本章の記載もまた拙論「早稲田大学国語教育学会と教育・総合科学学術院」をはじめ，それらの論考類に依拠する部分があることを付記する。
8 ）大平浩哉編『国語教育史に学ぶ』（1997年5月），堀切実編『「おくのほそ道」と古典教育』（1998年10月），津本信博編『新時代の古典教育』（1999年3月），金井景子編『ジェンダー・フリー教材の試み — 国語にできること』（2001年3月），伊藤洋編『国語の教科書を考える — フランス・ドイツ・日本』（2001年3月），田近洵一編『子どものコミュニケーション意識 — こころ，ことばからかかわり合いをひらく』（2002年3月），大津雄一・金井景子編著『声の力と国語教育』（2007年3月），堀誠編著『漢字・漢語・漢文の教育と指導』（2011年3月）。

第2章

国語政策と早稲田大学国語教育
── 学習指導要領の変遷を通して ──

林　教子

　本章では，学習指導要領との関わりを中心に，早稲田大学における国語教育研究の変遷を述べる。学習指導要領は，教育基本法や学校教育法等に基づき，中央教育審議会及び文化審議会の答申を踏まえて告示される。したがって，そこには国語教育に対する国の方針や，その時々の社会の要求が反映されている。

　そこで，学習指導要領と早稲田大学国語教育学会（以下「同学会」と称する）の関連を追いながら，早稲田大学国語教育が国語政策や社会的要請にどう応えてきたかを検証することにした。

1　学習指導要領変遷と早稲田大学教育

1-1　学習指導要領とは

　学習指導要領と同学会の関連を論じる前に，学習指導要領とは何かについて，その変遷をたどりながら概観しておきたい[1]。

　学習指導要領は，現在では「文部科学大臣が示す教育の基準」とされている

が，1947（昭和22）年，「教育基本法」「学校教育法」「学校教育法施行規則」が公布されたことを受けて，同年5月に初めて告示された際は「試案」という位置付けであった。「試案」とはいえ，小・中・高等学校の各教育課程は，これに基づいて編成されることになったのである。

正式に大臣告示されたのは1958（昭和33）年のことで，それ以後，「教育課程の基準としての性格の一層の明確化」が強調されるようになった。しかし，この「基準としての性格」が示唆する「基準性」自体が，時代背景や教育事情等に影響を受け，様々に解釈されながら今日に至っているのである。

告示化当初の1958（昭和33）年では，「基準性」とは「教育課程の最低基準」を示していた[2]。これは国民の基礎教育の充実という観点に立ち，義務教育水準の維持を図ったものであった。

次の1968～1970（昭和43～45）年の学習指導要領改訂になると，社会の進展に伴い学ぶべき内容が増加した。この時期，教育内容・授業時数ともに量的にはピークを迎えている。そのため，学習指導要領の「基準性」も，「最低基準」から「標準的基準」へと変化していった[3]。

しかし，学習内容の増加に対しては，学校教育が知識の伝達に偏る傾向にあるという指摘がなされ，いわゆる「つめこみ教育」が問題視されるようになる。これを踏まえて，1977～1978（昭和52～53）年の改訂では，学習指導要領の教育内容が厳選された。各教科の目標や指導内容についても，中核的な事項のみを示すにとどめるという「大綱化」がなされた。これにより，学校現場での創意工夫の余地が広がることになったのである。

この改訂後，日本社会には，情報化，国際化，核家族化，高齢化など各方面に大きな変化がもたらされた。これらに対応する観点から，1989（平成元）年の学習指導要領改訂では，「21世紀に向けて自主的，自律的に生きる力を育てる」ことを基本的なねらいとした。このねらいを達成するため，「思考力，判断力，表現力」及び「自ら学ぶ意欲」に重点が置かれるようになった。

続く1998～1999（平成10～11）年の学習指導要領改訂では，ゆとりの中で「生きる力」を育むことに主眼が置かれ，教育内容も約3割減となる。また，完全

学校週5日制導入等に伴い，年間総授業時間数も削減されている。

　この一連の改訂に対して，「学力の低下」が指摘されると共に，学習指導要領の「基準性」の再考が求められるようになった。これらを受けて，2003（平成15）年，学習指導要領を一部改正した際には，「学習指導要領は，すべての子どもに対して指導すべき内容を示したもの」（第1章「総則」第2「内容等の取扱いに関する共通事項の2」）であることが明示された。同時に，「各学校では，子どもたちの実態に応じ，学習指導要領が示していない内容を加えて指導することができる」（同上）とし，学習内容の上限を定めた「はどめ規定」の撤廃も明確にした[4]。

　以上のような変遷を経て，現行（2008～2009（平成20～21）年改訂）の学習指導要領では，「基準性」とは「すべての子どもが共通に学ばなければならない内容」であることが確定している。

1-2　学習指導要領の変遷と同学会の関わり

　次に，歴代の学習指導要領の特徴や改訂のポイント等を示す[5]。それと同時に，本書「第4章　早稲田大学国語教育学会の活動の歴史 ― 例大会の記録 ―」掲載の〈早稲田大学国語教育学会・例大会一覧表〉から，学習指導要領と関連する同学会の活動を抜粋して，両者の関連性について検証していきたい。

〈学習指導要領の変遷と同学会の活動〉

［Ⅰ］　1958～1959（昭和33～35）年改訂

　教育課程の基準としての性格の明確化

- 「道徳の時間」の新設　・系統的な学習を重視
- 基礎学力の充実（国語，算数の時間数増）

［Ⅱ］　1968～1970（昭和43～45）年改訂

　教育内容の一層の向上

- 教育内容の現代化　・時代の進展に対応した教育

※1 詰め込み教育の弊害，落ちこぼれ問題
　※1　「詰め込み教育の弊害」等の網掛けで示した箇所は報道関係等による見解で，「ゆとり教育」も文部科学省の公式用語ではない。

[Ⅲ]　1977～1978（昭和52～53年）改訂
ゆとりのある充実した学校生活の実現
　・各教科等の目標及び内容を中核的事項にしぼる（授業時間の減少）
【同学会の活動】
○1978（昭和53）年　第106回例会
「多様化時代の教育課程 ― 新学習指導要領について ―」
　　　　　　　　　　　　　　　　　　　　（山崎賢三・都教育委員会）

[Ⅳ]　1989（平成元）年改訂
社会の変化に自ら対応できる心豊かな人間の育成
　・新しい学力観　・「生活科」の新設　・道徳教育の充実
脱偏差値主義
　※2 ＊協力者
　　中学校国語…藤原　宏（早稲田大学）
　　高等学校国語…町田守弘（早稲田実業学校高等部）
　※2　以下の「＊協力者」とは，文部科学省主催の「学習指導要領作成のための協力者会議」の参加者のことである。

【同学会の活動】
○1989（平成元）年　第158回大会
「学習指導要領の改訂をめぐって」
　・「啓蒙 ― 文化 ― 社会 ― 個人」（藤原宏・早稲田大学）
　・「〔言語事項〕の指導と『現代語』」（北川茂治・文部省）
○1992（平成4）年　第173回例会
「新課程の国語科教育と授業の改善」（大平浩哉・早稲田大学）
○1993（平成5）年　第175回例会
「新しい学力観に立つ古典（中学校古文）の学習指導」
　　　　　　　　　　　　　　　　　　　　（宮崎活志・狛江市教育委員会）

[Ⅴ] 1998～1999（平成10～11）年改訂

「生きる力」の育成

- 教育内容の厳選（教育内容の3割削減）
- 「総合的な学習の時間」の新設

学力低下問題，「ゆとり教育」

＊協力者

　　高等学校国語…大平浩哉（前早稲田大学）

　　　　　　　　町田守弘（早稲田実業学校高等部）

◇2002（平成14）年1月

「確かな学力の向上のための2002アピール「学びのすすめ」」

（遠山敦子文部科学大臣発表）

「脱ゆとり教育」に路線変更

◇2003（平成15）年　学習指導要領一部改正

発展的学習を認める

- 個に応じた指導
- 「総合的な学習の時間」の一層の充実

教育現場の負担増

【同学会の活動】

○2000（平成12）年　第205回例会

- 「国語科における総合学習」（浅見優子・早大大学院）
- 「移行期の『総合的な学習』— 公立中学における現状と課題 —」

（伊藤博・川越市立川越第一中学校）

○2003（平成15）年　第216回大会・シンポジウム

「新しい学習指導要領における評価の在り方」

　　パネリスト：安彦忠彦・早稲田大学，熊谷芳郎・埼玉県立白岡高等学
　　　　　　　校，長谷川祥子・新宿区立牛込第二中学校

○2003（平成15）年　新規着任特別講演

「国語科の学力と評価」（浜本純逸・早稲田大学）

[Ⅵ] 2008〜2009（平成20〜21）年改訂
「教育基本法」「学校教育法」改正を踏まえた改訂
「知識基盤社会」における「生きる力」の育成
・各教科での言語活動の充実
・伝統や文化に関する教育の充実
PISA ショック
＊協力者
　　高等学校国語…高山美佐（都立広尾高等学校）
【同学会の活動】
○2009（平成21）年　第240回大会・シンポジウム
「伝統文化の教育とは何か ― 新『学習指導要領』をめぐるシンポジウム ―」
　　パネリスト：冨山哲也・文部科学省，深谷幸恵・春日部市立武里南小学校，酒井雅子・麹町中学校，牛山恵・都留文科大学
　　司　　会：熊谷芳郎・聖学院大学
○2010（平成22）年　第244回大会・シンポジウム
「新学習指導要領を見据えた『言語活動』」
　　パネリスト：高木まさき・横浜国立大学，葛西太郎・開成高等学校，岩﨑淳・学習院中等科
　　司　　会：吉田茂・早稲田大学本庄高等学院
○2011（平成23）年　第248回大会・シンポジウム
「高度情報化社会の国語教育 ― 新聞は有効な教材になり得るか ―」
　　パネリスト：氏岡真弓・朝日新聞編集委員，近藤聡・都立両国高等学校，星野智也・神奈川県立愛川高等学校
　　司　　会：町田守弘・早稲田大学
　以上のようにみてくると，同学会は上記［Ⅰ］・［Ⅱ］の改訂（1970年代前半）までは，学習指導要領についてほとんど取り上げていないことがわかる。その一因として，前述のような学習指導要領の「基準性」の分かりにくさがあげら

れよう。少なくとも1970年代前半頃までは，学習指導要領は最低限度の教育基準を示したものとされていた。このことは，実際の運用は学校現場や教員自身に委ねられていることを意味しており，当然，教える側の創意工夫が要求されていたのである。ところが，「最低基準」ならば注目するにあたらないと受け取ったのであろうか，同学会は発足当初から専ら教材研究を重視する傾向が続いていた。このような学習指導要領軽視の風潮は，同学会に限らず，教育界全般に共通していたようだ。

この状況に対して，小路一光は1968（昭和43）年「会報・3」掲載の「国語教育と国語研究」で次のように批判している。

> 「教育者」にとってもちろん「教材研究」は基本的要件である。しかし単なる研究者であっては教育者とはいえない。少なくとも「学習指導要領」に示されている現在の国語教育のあり方や指導の目標や方法ぐらいは，一応身につけておく必要があると思われるのである。

小路は，同稿において「国語教育即教材研究ではない」とした上で，同学会でも「もっと学習指導要領に関心を持つべき」だとし，「国語教育」と「国語研究」の調和を主張している。同学会は，国語教育の研究者と現場の教員との交流・研究を目的として掲げ，中学校・高等学校の教職に就いていた会員も多かった。そのため，学習指導要領に目を向ける土壌はあったことが推察される。

2　早稲田大学国語教育と学習指導要領の関連性

2-1　学習指導要領意識化の契機

同学会の学習指導要領に対する意識に変化が見え始めたのは，上記［Ⅲ］の1977〜1978（昭和52〜53）年改訂からである。この時の改訂のポイントは，「ゆとりのある充実した学校生活の実現」であった。

1970年代の日本は高度経済成長期の真っ直中にあり，これに対応するため学習内容が増していった。いわゆる「詰め込み教育」が行われていたとされる時

期である。この弊害として「落ちこぼれ」の問題が顕著となり，社会一般に大きく取り上げられるようになった。そのため，[Ⅲ]の改訂では，学習負担の適正化が図られ，同時に学習指導要領の内容も大綱化（簡素化）されたのである。

　一方，学校現場では，大綱化された学習指導要領に対して解説を求める声があがるようになったと思われる。「ゆとりある充実した学校生活の実現」を目指しつつ，同時に学力低下の問題にどう取り組むかは，まさに学校現場の急務であり，学習指導要領を意識せずにはいられなくなったのであろう。

　同学会においても，1978（昭和53）年「会報」（第15・16合併号）に，久米芳夫（都立忍岡高等学校）の「新課程について」が掲載されている。久米は，高等学校国語科の立場から，今回の改訂のねらいを，「高校を"大多数の日本の青少年を教育する機関"とみなし，小・中・高の一貫教育を志向」するものであるとしている。さらに，改訂のポイントである「ゆとりある充実した学校生活の実現」についても，「ゆとりはあくまでも充実のためのものでなくてはならない」とし，これを教員間で最も必要な共通認識として挙げている。

　さらに，学習指導要領を意識する姿勢は，同学会の例大会通知葉書に添えられた随想文〈遠望近視〉からもうかがえる。1982（昭和57）年の初回〈遠望近視〉で，榎本隆司は，「現場での実践と研究との接点に立って，国語教育の多様な課題を考えてゆこうというのが本会の目的であり特色」であるとし，「教育行政の動向を十分視野に置きながらつとめてゆかなければならない時である。」と述べている。

2-2　学習指導要領重視の傾向

　[Ⅳ]の1989（平成元）年改訂後，同学会における学習指導要領に関する研究は一層盛んになっていく。この改訂のキーワードは，「新しい学力観」であった。これは従来の知識偏重型の学力評価ではなく，「関心・意欲・態度の育成」という観点に立って評価するというものである。学校現場においても，文字通

り新しい学力観が導入されたことになる。

　この時期，同学会では，学習指導要領の改訂をめぐる講演を二つ開催している。1989（平成元）年の藤原宏による「啓蒙 ― 文化 ― 社会 ― 個人」と，1992（平成4）年の大平浩哉による「新課程の国語科教育と授業の改善」である。両氏とも文部省（当時）視学官として歴代の学習指導要領作成に携わり，「観点別評価」等の推進にも尽力している。

　「新しい学力観」と共に注目すべきは，この平成元年改訂の学習指導要領では，評価の仕方にも言及していることである。ここで提言された「指導と評価の一体化」は，以後，学習指導要領が改訂されるたびに中央教育審議会等で審議されることになる。この「教育評価」のような，教育の今日的課題と取り組む上で，1990（平成2）年に早稲田大学大学院教育学研究科修士課程，1995（平成7）年に同博士後期課程が設置された意義は大きい。また，この二つの課程の設置は，同学会において国語教育研究が一つの地位を築くのにも大きな役割を果たしたといえよう。

3　これから求められる早稲田大学国語教育研究

　「新しい学力観」に基づく指導が学校現場で試行錯誤され始めた1990年代後半から，学習者の学力低下を危惧する声があがるようになった。その一因は，学習者の自主性・自立性を尊重するあまり，「教師は子どもに教え込んだりせず，子どもが自ら学ぶのを「支援」するものだ」というような，極端ともいえる学習者中心の指導にあったといわれている。「指導と評価の一体化」についても，「評価の仕方」に意識が偏向し，肝腎の「指導」が疎かになってはいないかという批判があったようだ。本来，「指導と評価の一体化」とは，指導の結果に責任を持つ教育のことであるのに，上記のような一部の学校現場の指導はこれと相反していたといわざるを得ないだろう。

　こうした状況下で，[Ⅴ]の1998〜1999（平成10〜11）年改訂の学習指導要領が，2002（平成14）年4月から実施されることになる。一般に，「ゆとり教育」

の学習指導要領という場合は［Ⅴ］の改訂を指す。それは，この改訂で教育内容の約3割が削減されたためであるが，これが却って学力低下に拍車をかけるのではないかと危惧する声も少なからずあった。

そのため，2002年4月からの実施を前にして，同年1月に遠山敦子文部科学大臣が「確かな学力の向上のための2002アピール「学びのすすめ」」を発表している。ここで強調されたのは，「すべての児童生徒に対する基礎的，基本的な学力の保証」であった。

そして，翌2003（平成15）年には，早くも学習指導要領が一部改正され，「個に応じた教育」及び「総合的な学習の時間の一層の充実」が打ち出された。学習指導要領の内容を超えた「発展的学習」が認められたのもこの時である。これら一連の動きは，「ゆとり教育」から「脱ゆとり教育」への路線変更として捉えられた。

3-1　評価の在り方について

こうした教育制度の急激な変化の中で，「指導と評価」の在り方は学校現場にとって負担増の要因となった。なぜならば，「個に応じた教育」や「総合的な学習の時間の一層の充実」とは，「絶対評価」，「個人内評価」及び評価の文章記述等が求められることを意味するからである。

教員が日常的に作成している「学習指導案」にも変化が見られた。次に示す，国立教育政策研究所作成の「学習指導案（国語科）」の様式例[6]を参照しながら，学校現場に求められる役割の変化を検証してみたい。

〈学習指導案の例〉

　　　　　　　（教科名）科（科目名）　　学習指導案（様式例）
1　単元名　※この単元で取り上げる指導要領の内容に応じた単元名を書きます。
2　生徒の実態
　　（○年○組・○○教室　在籍○人（男子○人，女子○人）
3　単元の目標

> (1)※観点別評価に応じた目標を立て，その単元において，生徒に身に付けさせたいことを，生徒主体の表現で記述します。（～できる。～する。）

4　単元の評価規準

関心・意欲・態度	（読む　話す・聞く　書く）	知識・理解
①……しようとしている。	①……している。 ②……している。	①…について理解している。 ②…を身に付けている。

5　指導と評価の計画（○時間配当）
6　本時の指導と評価の実際（○時間目）
　　(1)　日時
　　(2)　本時の目標

　上記の指導案を見てもわかるように，学習計画の手順としては，まず「単元の目標」や「単元の評価規準」を定める。次に「指導と評価の計画」を立てて，その目標に到達するための指導計画を明示し，学習者が到達したかどうかを評価規準によって評価するのである。
　ここでは，従来の学習指導案にあった「教材観」や「作者観」のようなものはあまり重視されない。それは，学習者に教材を教えるのではなく，教材を通して学習者がどんな力を付けるのかという点が重視されるからである。つまり，この「指導案」は，学校教育が社会に向けての説明責任を果たすという目的も

兼ねているのである。

　このような「指導案」は，当初，文学部等の出身者が多い高校国語科の教員にとっては違和感があったようだ。大学の教員養成課程も対応を迫られたことであろう。したがって，2003（平成15）年6月に実施された，同学会のシンポジウム「新しい学習指導要領における評価のあり方」は，時代の要請に応えたものであったと思われる。この時のパネリストの安彦忠彦は，2005（平成17）年から2013（平成25）年現在まで中央教育審議会の委員を務め，教育評価等の改革に携ってきた。このような教育改革の理論を教育現場で実践可能にするためには，理論と実践という両分野のバランスのとれた共同研究が必要となる。この点においても，2008（平成20）年の早稲田大学教育学部「初等教育学専攻」設置と同大学「大学院教職研究科高度教職実践専攻」開設は，同学会における国語教育研究の更なる充実のために貢献した。

3-2　伝統文化の教育について

　上記〔Ⅵ〕の2008〜2009（平成20年〜21）年改訂の学習指導要領では，「伝統文化の教育」が重視されている。とりわけ，小学校で漢文学習が必須になったことが学校現場の関心を集めたようだ。小学校の教科書には，『論語』等の文章や，李白・杜甫などの詩が採録されるようになったのだが，このことは決して中学校の漢文学習の前倒しではなく，学習者の発達段階に応じた古典教育の一環として位置付けられているのである。そのため，小学校では文法等の学習はせず，音読などを通してまずは古典に親しむことを目標にしている。

　この学習指導要領では，〔伝統的な言語文化と国語の特質に関する事項〕が新設され，音読の目的や指導方法も学習者の発達段階によって段階的に提示されている。このことを確認するために，〔伝統的な言語文化と国語の特質に関する事項〕の「ア　伝統的な言語文化に関する事項」で音読がどのように扱われているか抜粋して示す。

　　○〈小学校第3・4学年〉

「易しい文語調の短歌や俳句について，情景を思い浮かべたり，リズムを感じ取りながら音読や暗唱をすること」
○〈小学校第5・6学年〉
「親しみやすい古文や漢文，近代以降の文語調の文章について，内容の大体を知り音読すること」
○〈中学校第1学年〉
「古文や漢文を音読して，古典特有のリズムを味わいながら古典の世界に触れること」
○〈中学校第2学年〉
「作品の特徴を生かして朗読するなどして，古典の世界を楽しむこと」
○〈高等学校「古典A」〉
「古文・漢文の調子などを味わいながら音読，朗読，暗唱をすること」

　上記以外に，「内容の取扱い」にも作品を読み深めるために音読等を取り入れることが記載されており，古典学習において音読が重視されていることがわかる。そこで，本章でも特に音読という学習活動に着目して，「伝統文化の教育」と同学会の関わりについて言及してみたい。
　実は，音読については歴代の学習指導要領でも触れている。これに関連して同学会〈遠望近視〉にも，音読の推進を唱える意見が掲載されているので紹介してみたい。

◇1982（昭和57）年・第124回　金子大麓
　　今次改訂の学習指導要領（筆者注：1977〜1978（昭和52〜53）年改訂）で「朗読」がやっと蘇生した。まだ萌芽の域を出ない程度だが。戦前の国語の授業では読み方の名にふさわしく，音吐朗々たる音読が重要な学習だった。それが，戦後一転して，朗読はおろか音読さえ否定しかねないほどの黙読偏重となった。漢文の授業にさえ一言も朗読に触れぬに至ったのは敢えて何をか言わんやであった。指導要領は「試案」以来，数次の改訂を重ねながら，この偏向は墨守され，前回の改訂で，やっと現国の読むことの指導の末尾に一行「朗読を通して作品の読解・鑑賞を深めること」と記さ

れた。それが今回は「国語Ⅰ」の表現・理解の二領域や古典において指導事項とされ、中学校でも各学年ごとに記載されている。（後略）
◇1989（平成元）年・第157回　岩淵匡
　ご承知のように、新しい学習指導要領（筆者注：1989（平成元）年改訂）が告示された。高等学校のものをみると、「現代語」「古典講読」などの新しい科目が設けられたが、中でも、「音読」という語が、随所に見られることに気付く。（中略）音読の効用にはいろいろあるが、その一つに日本語のリズムの体得をあげることができよう。日本語の乱れという現象は、ある面ではリズムの欠如に由来する。学習指導要領が、日本語の乱れを憂えた結果作りあげられたものならば、なおさら、音読を復権させねばなるまい。大学受験の準備のために疎外されてしまうのではなく。

　こうした意見から、戦前の伝統的な国語教育では音読が盛んであったことがうかがえる。それが戦後40年近く衰退していたが、1980年代から徐々に復活してきた様子が推察できる。

　2011（平成23）年度から、小学校で2008～2009（平成20～21）年改訂の学習指導要領が実施されているが、古典の指導法についてはまだ十分な研究がなされていない。音読に関しても学校現場においては、ただ声を出して読むだけの活動に終始しないか、そもそも音読にどのような学習効果が期待できるのか等の研究課題が残されている。同学会の部会の一つである「朗読の理論と実践の会」などは、このような課題と取り組み、古典学習における音読指導に対しても有効な研究活動ができるのではないだろうか。これは、小学校のみならず、中学校・高等学校の古典教育に対しても活用が期待される。実際、最も改革が必要なのは、大学入試に偏重した高等学校の古典教育なのかもしれない。

3－3　言語活用能力の育成について

　2011（平成23）年6月の大会で、「高度情報化社会の国語教育 ― 新聞は有効な教材になり得るか ―」というシンポジウムが開催された。その時、パネリ

ストの氏岡真弓（朝日新聞社）は，「今回（2008〜2009（平成20〜21）年）改訂の学習指導要領は，分数のできない大学生を父親に，PISAショックを母親にして誕生した」という見解を示した。これは，当該学習指導要領改訂の経緯を言い得ていると思われる。それは，この学習指導要領は，「確かな学力」の確保と，言語活用能力の育成をねらったものだからである。シンポジウムでは，「新聞」は一つの情報メディア，あるいは表現メディアとして，言語活動の教材になり得るということが提言された。確かに，新聞には，論説，社説，報道記事，見出し，写真等，様々な文体や表現方法がある。新聞を通して生きた言葉や表現を学んだり，情報を主体的に活用したりすることは，「思考力・判断力・表現力等」を育成することにつながるであろう。

　この「思考力・判断力・表現力等」は，PISA調査で日本の児童生徒に課題が認められた能力でもある。同学会においても，「思考力・判断力・表現力等」の育成を主たるテーマに，2010（平成22）年6月の大会で，「新学習指導要領を見据えた「言語活動」」というシンポジウムを開催している。

　なお，新学習指導要領（2008〜2009（平成20〜21）年改訂）では，高等学校国語科の目標を次のように立てている。

> 　国語を適切に表現し的確に理解する能力を育成し，伝え合う力を高めるとともに，思考力や想像力を伸ばし，心情を豊かにし，言語感覚を磨き，言語文化に対する関心を深め，国語を尊重してその向上を図る態度を育てる。

　この目標は，「思考力・判断力・表現力等」の育成を，国語科の特性に合わせて設定したものである。シンポジウムでは，この目標の中で，特に注目すべき能力は何かが話題となったのだが，パネリストからは，それは「想像力」であろうという回答が得られた。たとえば，日本の手紙には挨拶文というものがある。挨拶文をただ手紙の形式の一部として覚えるのではなく，なぜ日本では挨拶文が発達したのだろうかと想像力を働かせてみる。そうすることによって，言語文化に対する関心が深まり，言語感覚も磨かれるのではないかということ

であった。

　「想像力」は，従来，小・中学校の国語科の目標には入っていたが，高等学校には今次の改訂で新規に記載された。このことによって，小学校から高等学校までの各段階を通して，豊かな感性や情緒を育む指導を一層重視することを明確にしたのである。

4　総　　括

　同学会において，以上のような学習指導要領関連の発表，講演及びシンポジウムが開催できたのも，早稲田大学国語教育の関係者が，協力者等の立場で学習指導要領の作成過程に直接参加しているからである。

　また，近年，教育機関に対して社会で果たす役割が一層求められているが，同学会もその例外ではない。社会に貢献する国語教育研究を追究する上で，学習指導要領をはじめとする国語政策の動向を視野に入れた研究活動は，今後も重要度を増していくだろう。その際，常に念頭に置かなくてはならないのは，学校という教育現場の本来の役割は「学力の育成」であるということだ。

　2013（平成25）年8月，中央教育審議会（第82回総会）は「教職生活の全体を通じた教員の資質能力の総合的な向上方策について（答申）」を取りまとめている。ここでは，「新たな学びを支える教員の養成と，学び続ける教員を支援する仕組みの構築」を提言しているが，その中心は「学び続ける教員像」の確立といえる。学習指導要領がいかに改訂されようが，どんな教科書になろうが，これらが学校現場で活用されるか否かは教員にかかっているといっても過言ではない。同学会も教育学部を母体とする研究機関として，高度化・複雑化する国語教育の諸問題に対峙し，学校現場を支えていくためには何が必要かを見極めていくことが重要となるであろう。

【注】
1）以下は文部科学省ホームページ（http://www.mext.go.jp）に示す「これまでの

学習指導要領の変遷」に基づいた記述である。なお，詳細は同ホームページ内の，http://www.mext.go.jp/a_menu/shotou/new-cs/idea/__icsFiles/afieldfile/2011/03/30/1304372_001.pdf）に掲載されている。

2）1958（昭和33）年の学習指導要領改訂に先立ち，同年8月に学校教育法施行規則を一部改正し，「小学校の各学年における各教科及び道徳の授業数は，別表第1に定める授業時数を下ってはならない。」（「学校教育法施行規則の一部を改正する省令」・第24条の2）とし，「最低基準」であることを明示している。

3）1968（昭和43）年7月の学校教育法施行規則一部改正では，「小学校の各学年における各教科及び道徳のそれぞれの授業時数並びに各学年におけるこれらの総授業時数は，別表第1に定める授業時数を標準とする。」（「学校教育法施行規則の一部を改正する省令」・第24条の2）としている。（引用文内の傍点は筆者による。）

4）「小学校学習指導要領（1998（平成10）年12月告示，2003（平成15）年12月一部改正）」の「第1章「総則」の第2「内容等の取扱いに関する共通的事項」の2」より抜粋。

5）「教育課程部会におけるこれまでの審議のまとめ」（2007（平成19）年11月7日・中央教育審議会初等中等教育部会教育課程部会作成）による。
　なお，この資料の全文については次を参照のこと。http://www.mext.go.jp/b_menu/shingi/chukyo/chukyo3/siryo/07110606/001.pdf）

6）ここで示した「学習指導案の例」は，国立教育政策研究所作成の「評価規準の作成，評価方法の工夫改善のための参考資料」（http://www.nier.go.jp）の概略である。

第3章

早稲田大学国語教育学会50年の歴史を辿る
── 早稲田大学と国語教育をつなぐために ──

町田　守弘

1　二人の先学 ── 坪内逍遥と五十嵐力

　第1章では，早稲田大学における国語教育を考える際に必要な史的展開の概要が紹介された。その章と一部重なるところもあるが，本章では早稲田大学国語教育学会に焦点を当てて，50年に及ぶ歴史を辿りながら，早稲田大学と国語教育の関連を考える際に特に重要と思われる項目についてまとめてみたい。

　早稲田大学と国語教育との関わりを考える際に，まず着目しなければならないのは坪内逍遥と五十嵐力の仕事であろう。本章では，最初にこの二人の先学の国語教育関連の業績について簡潔に触れることにする。

　日本近代の公教育は1872（明治5）年の「学制」公布とともに出発するが，教科としての「国語」という名称が初めて登場するのは，1886（明治19）年の「学校令」における中学校の「国語及漢文」，師範学校の「国語」が設置されたときのことである。ただし一つの教科として「国語科」が成立するのは，1900（明治33）年8月に新たに公布された「小学校令」を待たなければならない。

それまでの「読書」「作文」「習字」を「読ミ方」「綴リ方」「書キ方」に改め，これに「話シ方」を加えて「国語科」という教科として構成された[1]。

　国語科の成立とともにその教科書が生まれる。「学校令」の公布とともに刊行された『読書入門』や『尋常小学読本』は，文部省が編集した教科書である。このほか1900年には，民間の編集による国語教科書として金港堂版『尋常国語読本』や冨山房版『国語読本』などが発行されている。この冨山房版の『国語読本』は，坪内逍遥が編集した教科書であった。それは同年9月に刊行されたが，尋常小学校用が8冊，高等小学校用が8冊ある。これらの教科書は逍遥が情熱を傾けて編集したもので，『小説神髄』で示した理論の一つの実践という意味を含めて，文学的な香りの強いものであった。

　冨山房創始者の坂本嘉治馬は「逍遥博士の教科書について」[2]において，当時の教科書編纂が「その編纂ぶりは大抵教育者出身の人か，経験から割り出した定型的のもの」であり，その教材は「ハ，ハナ，イト，ハリといつたやうな家庭的な静止的のものが多かつた」ことから，「何かもつと変つた読本を作りたいといふ考」から逍遥のもとを訪れたと回想している。逍遥は初めは承諾しなかったものの，坂本の再三の懇願を受け入れて教科書の編纂を承諾したという。そのとき逍遥は，「自分が作る以上今のやうな文章の長短を一定したあゝいふ無味な生彩のないものはやりたくない。思ひ切つて変つたものにするつもりだ」と述べた。

　『小学国語読本』の編纂の趣旨は「はしがき」と「編纂の趣旨」に記されている。「はしがき」には，小学校における読本教授の目的が直接と間接とに分けて説かれている。「直接の目的」は一つに話すこと，読むこと，作文の能力を鍛えること。二つに事物に関する知識の端緒を授けること。三つに徳育，美育などに資することとされている。これに対して「間接の目的」は，「生徒をして読書の利益と興味を覚らしむ」ことにあり，さらに読本の学習を終えるころには「生徒が自然に啓発せられて読書の利益と面白味とを感得し，（中略）やがて，自ら進んで益々読書せんことを欲するに至るやうに彼らが心を誘発する」ことにあるとしている。両者の中では，逍遥は間接の目的の方を尊重した

ものと思われる。すなわち,知識の注入よりも内発的な学習者の思考力や表現力の育成を重視したわけである。当時の既刊読本に対する厳しい批判でもあったわけだが,復刻された『国語読本　尋常小学校用』(冨山房インターナショナル,2012年1月)の解説で,田近洵一は「この坪内の批判は当時の教科書に対するかなり的確な批判になっているように思われる」と評した。逍遥の批判は,『小説神髄』に掲げられた,小説によって「人の気格を高尚になす事」という理念につながるものであるように思われる。

　逍遥版『国語読本』は,選材,配列,表現など様々な点で従来の読本には見られなかった新しい方向性を打ち出した。逍遥はこの教科書を通して,文学的・芸術的な要素と近代的社会認識の要素とをともに備えた国民を育成することこそが,イギリスをモデルとした近代社会を開くことにつながると考えていた。広く世人からの支持を得て十数万部もの採用に至ったが,1902(明治35)年に生じた教科書疑獄事件によって,教科書は国定化されてしまうことになる。この結果,逍遥は『中学新読本』の編集を最後に教科書の編集から手を引き,英文学と演劇に情熱を傾けるようになった。なお1902年といえば,この年の9月2日に東京専門学校は早稲田大学と改称されている。早稲田大学における国語教育研究の歴史を考えるとき,この坪内逍遥の編集による『国語読本』をその最も初期のものと位置付けることができる[3]。

　『国語読本』を中心とした逍遥の国語教育研究の業績は,五十嵐力によって受け継がれる。五十嵐は,東京専門学校文学科を卒業してから教科書出版社の普及社で『小学読本』の編集に携わった。1901(明治34)年に母校の講師になり,文章学,国文講読,国文学史講義などを担当した。五十嵐は逍遥の『中学新読本』の編集に加わって尽力したが,特に国語読本における文章表現のあり方については深い関心を有していた。『国定読本文章之研究』(二松堂書店,1912年5月)では,当時の国定第二期読本(「ハタタコ読本」)のすべての文章表現についての批判を試みた。それは例えば「妥当な語句が用ゐられて居らぬ」「文脈が整つて居らぬ」のような批判で,具体的な指摘が細かくなされている。また『国語の愛護』(早稲田大学出版部,1928年4月)では,国語教育の目標に

ついて論じられている。中学校の代表的教科書であった『純正国語読本』の編集者として活躍し，特に中等学校の作文教育に影響を及ぼした[4]。

　早稲田大学の創設期に尽力した二人の代表的な人物が，『国語読本』を通して近代の国語教育に貢献をしていることに注目しておきたい。そして，両者ともに国語教育の専門的な研究者というよりは，英文学，劇文学，国文学の研究者として活躍していたことが重要な事実として指摘される。この傾向は，後の早稲田大学の学風にもつながってくる。すなわち，国語教育のみを取り立てて研究するのではなく，まず国語国文学の研究を深める中で国語科における教授内容を充実させるという方向である。この方向性が早稲田大学の国語教育研究の性格を特徴付けている。

2　早稲田大学国語教育学会に関する研究の端緒

　1903（明治36）年，早稲田大学には国語漢文科・歴史地理科・法制経済科・英語科の4科から成る高等師範部が開設されて，ここに早稲田大学における組織としての教員養成の歴史が出発した。1949（昭和24）年4月，戦後の学制改革により高等師範部が教育学部に新生し，国語漢文科を前身とする国語国文学科が誕生して，開放制の教員養成のもとで教育に携わる人材の育成に取り組み始めた。1990年4月には大学院教育学研究科の開設にともない国語教育専攻が設置されて，多くの人材を育成輩出しつつ今日に至っている。

　この間，1963（昭和38）年10月（本章では以下西暦のみ示すことにする）には研究と実践の融合を柱とする早稲田大学国語教育学会が組織されて，稲門教員の実践と研究を交流する場として機能してきた。同学会は2006から2007年度にかけての文部科学省採択の早稲田大学「ことばの力GP」の実施に当たっては，連携協力して教員の養成と資質の向上に貢献した。そして2012年1月には，第250回記念例会が開催された。

　「国語教育」はとりわけ教育の根幹を担うものとも認識される。年来培われてきた早稲田大学における国語教育の歴史は，どのような歩みをもって，どの

ように展開をしてきたのか。その歴史の意味を明らかにすること，すなわち前述したような大学の教学史的な観点にも立って，早稲田大学における国語教育の展開を追跡・検証する必要がある。それはまた，国語教育の諸課題を洗い出すことにほかならず，今日的な姿の解明と将来への問いかけの意味も含んでいる。

本章においては先述の早稲田大学の国語教育に関するいくつかの具体的な展開の中から，早稲田大学国語教育学会の活動に焦点化して，主として同学会の歴史に関する研究を通して上記の研究目標にアプローチを試みることにしたい。

「早稲田大学と国語教育」を考える際に特に重要な活動として，学部・大学院における教育・研究活動とともに地道な研究活動を展開してきた早稲田大学国語教育学会に着目することにしたい。早稲田大学国語教育学会（以下「同学会」と称する）は2013年に設立50周年を迎えることから，その歴史の研究は学会にとって有意義なものとして位置付けられるはずである。

教育学部国語国文学科に設置されている同学会事務局には，学会の設立準備の状況が明らかになる文書，例会・大会（以下「例大会」）の案内葉書，出席者名簿，発表資料等々の諸資料が残っていることが確認された。これらの諸資料を閲覧のうえ整理・検討することを通して，学会の設立時期とその経緯等々が明らかにされるとともに，その折々の国語教育の研究動向や往時の会合の雰囲気その他を知ることができる。整理した資料を分析し考察を加えるという作業を通して，同学会の歴史の一端を明らかにすることは，「早稲田大学と国語教育」という本書の研究課題へのアプローチに直結する。

本書における具体的な研究方法としては，第1回例会から設立50周年記念の第256回大会を経て現在（2014年1月）に至るまでの学会の例大会の内容を整理したうえで吟味しつつ，さらに機関誌や事務局の体制，研究部会の設立など，学会をめぐる様々な動向にも注目して資料のさらなる整理を試みた。その成果を研究のための基礎資料として位置付けたうえで，研究を展開することになった。時代の流れを大きく把握しつつ，学会で扱われた内容を分析・整理することにした。特に学習指導要領に関連する例大会の内容を整理するという活動を

通して，学会が学習指導要領とどのように関わってきたのかも確認した。

3　早稲田大学国語教育学会の歴史の概要

　ここで改めて，同学会の歴史の概要を確認することにしたい。学会が設立されたのは，1963年10月のことであった。初代会長には時枝誠記が就任し，続いて川副國基，山本二郎，白石大二がそれぞれ会長を務めた。1982年からは代表委員制となり，初代代表委員を榎本隆司が務めた[5]。代表委員はその後，紅野敏郎，興津要，大平浩哉，梶原正昭，戸谷高明，中野幸一，堀切実，岩淵匡，小林保治，棗山俊彦，千葉俊二が担当し，そして2014年現在は町田守弘が担当している。

　同学会の会則第三条によれば，この会の目的は「国語教育に関する研究，会員相互の親睦，並びに後進の育成をはかること」にある。また第四条には，その目的達成のために行う授業について，「1　大会・例会・研究会・講演会などの開催」「2　研究授業および授業参観」「3　機関誌の発行」「4　その他」とされている。

　会員は，早稲田大学出身の公立および私立の中学，高校，大学の教員が多いが，例大会には学生や院生も参加する。第1回の例会が開催されたのは1963年の11月で，発表者は白石大二，題目は「語学教育と国語教育」であった。なお第2回例会はその翌月の12月に早稲田大学国語学会との共催で，両学会の会長である時枝誠記が担当している。1964年には合計8回の研究会が開催され，意欲的な研究活動が展開されている。その後毎年定期的に例会が開催され，研究発表とそれに基づく研究協議という形態を中心として，座談会やシンポジウム，および講演などの形態を加えながら今日に至っている。例会で取り上げられたテーマは，古文・漢文から現代文の教材研究および学習指導に関する広範な内容であり，学会構成員の層の厚さを物語っている。一方で大学院教育学研究科において研究指導が展開されていることから，2007年より秋の例会を「学生会員研究発表会」として，大学院生の研究成果を発表するという機会も設けられ

るようになった。

　「研究会」としては，2014年現在「国語教育史と実践に学ぶ会」「古典教育研究会」「朗読の理論と実践の会」が活動を展開している。そして回数は少ないものの，会則第三条第2項にある「研究授業および授業参観」も実施された。さらに支部活動として「愛知県支部」が加わって，活発な研究活動が展開されている。

　第3項に関して，機関誌としての『早稲田大学国語教育学会会報』が，1968年に創刊された。その後1981年3月には新たに『早稲田大学国語教育研究』が刊行されるようになり，毎年一号ずつ定期的に発行され，国語教育に関する研究論文や実践報告，さらに会員の動向としての「現場からの報告」などが掲載されている。なお特に『早稲田大学国語教育学会会報』に関しては，例大会案内も含めて後述する。

　以下の節では，同学会の歴史に関する特に重要な事項について，調査結果に基づいて具体的に紹介することにしたい。

4　早稲田大学国語教育学会の特色

　先述のように，同学会が設立されたのは，1963年10月のことである。設立総会は1963年10月5日土曜日に開催された。この設立総会の案内状は，同年9月15日付けで設立世話人代表である川副國基の名前で出されている。その内容は本書第1章で全文が引用されているが，特に重視するべきは以下のような内容である[6]。

　　　ところで，母校早大にも，時枝誠記先生・白石大二先生をはじめ，国語
　　教育界の指導的地位にある方々を多数擁しておりますので，このあたりで
　　ひとつ，とりあえず東京中心ということになりますが，早大国語教育学会
　　というものを結成し，母校の国文の先生方と現場の国語教育に挺身してお
　　られる校友の方々との，親しい交流の上での研究をもちたいという気運が，
　　盛りあがって来ました。

この「母校の国文の先生方と現場の国語教育に挺身しておられる校友の方々との，親しい交流の上での研究をもちたいという気運」こそが，同学会の重要な理念として把握することができよう。この点に関しては後述する。

　設立総会は同年10月5日の14時から17時までということで，早稲田大学小野梓記念講堂で開催された。案内状によると，その議題として「会則審議」「会長・副会長・顧問・運営委員選出」「講演　早大教授　時枝誠記先生」とある。さらに「五時から大隈会館内校友会館で懇親会（会費三〇〇円）」という案内も見られる。また会費納入に関する依頼が書かれており，それによると設立時の年会費は100円となっていた。

　総会で提案されたと思われる「早稲田大学国語教育学会会則（案）」は，第一条から第十四条までの条文と「付則」とから成っている。このうち「第三条」には学会の目的に相当する内容が盛り込まれた。それは「本会は，国語教育に関する研究，並びに会員相互の親睦をはかることを目的とする」という内容であった。先に触れた案内状の中には「研究と懇親との二つの意味で，皆さんふるって御入会」という文言が見られるが，これはまさにこの「第三条」の目的と符合する。さらに「第五条」には会員に相当する規定となっているが，その内容は「本会は，国語教育に関心を有する早稲田大学の教員（旧教員を含む）・校友・学生およびそれらの紹介者をもって会員とする」であった。すなわち同学会は，単なる学術的な研究活動のみにとどまらず，早稲田大学出身の校友の同窓会に相当するような交流の場としての機能も担うことを，設立当初から目指していたことになる。

　いま一つ注目すべき点は，案内状にある「母校の国文の先生方と現場の国語教育に挺身しておられる校友の方々との，親しい交流の上での研究をもちたいという気運」である。すなわち同学会の設立当初の趣旨として，早稲田大学の国語国文学研究者と教育現場の国語教育担当者との「親しい交流の上での研究」が目指されていたという点である。この趣旨こそが，同学会の大きな特色として把握することができる。

　設立総会において，会長として時枝誠記が着任することになった。時枝が同

学会会長となった意味に関しては，榎本隆司が「老馬之智」(『早稲田大学国語教育研究・第30集』早稲田大学国語教育学会，2010.3) において以下のように指摘している。

> (前略) 時枝を会長に迎え得たことの成果・影響は大きい。ほとんど毎回と言っていいほどに例会に出席し，中・高の現場からの報告に耳を傾け，大学教員の発表に積極的に発言していた。それがどれほど会員の意欲を刺戟し，向上に資することになったか。いささかも構えることのない，平明・率直でかつ懇切な対応に，魅せられ，学んだことは大きい。

榎本の指摘によれば，会長に就任した時枝は「ほとんど毎回と言っていいほどに例会に出席し」て，直接例会をリードしていた。時枝の発言は「会員の意欲を刺戟し，向上に資する」ものであったことから，同学会の活動を名実ともに支えていたものと思われる。

設立総会を受けて第1回の例会が開催されたのは1963年の11月9日のことである。会場は当時の早稲田大学19号館大学院会議室で，発表者は白石大二，題目は「語学教育と国語教育」であった。この第1回例会の案内には，以下のような呼びかけの文章が見られる。

> 国語教育に関する研究ならびに会員相互の親睦を目的としてあらたに十月発足しました早稲田大学国語教育学会は，すでに会員二百名を越え，前記のように，第一回例会を開くはこびになりました。まだ会員になっておられない方もお誘いあわせの上，ぜひ御参集下さいますようお願いいたします。

学会の趣旨に賛同して入会した会員が設立当時ですでに200名を越えていたという事実には，改めて注目しなければならない。それは，同学会が多くの関係者の支持を集めたことを物語っている。ちなみに2013年5月時点での会員数は504名である。

なお設立総会に提案された会則第二条では「本会の事務所は，早稲田大学教育学部内におく」から出されているが，第1回例会案内は「早稲田大学教育学部川副研究室」となっている。設立時の世話人代表であった川副國基が，学会

運営の中枢を担っていたことが推察される。

　第2回例会はその翌月の12月14日に早稲田大学国語学会との共催で，両学会の会長である時枝誠記が担当している。会場は第1回と同様早稲田大学19号館大学院会議室，時枝の演題は「たどりよみ方式鑑賞はありえない」であった。この例会の案内には「討論会形式による」と注記されており，「参考文献」として「国語と国文学」（1963年6月号　時枝氏の論文）および『文章研究序説』が挙げられていた。まさに時枝会長自らが独自の学説を明らかにしつつ，参会者とともに研究を深めるという姿勢を見ることができる。

　設立の翌年である1964年には，合計8回の研究会が開催され意欲的な研究活動が展開されている。その後毎年定期的に例会が開催され，研究発表とそれに基づく研究協議という形態を中心として，座談会やシンポジウム，および講演などの形態を加えながら今日に至っている。

5　「学会短信」「遠望近視」『早稲田大学国語教育学会会報』について

　同学会の事務局がある教育学部国語国文学科に保管された学会関連資料は，特に紙媒体の資料の劣化が進んでいることから，その諸資料をデータとして保管する作業が実施された。その際に整理した資料の一つとして例大会案内の葉書がある。例大会の開催通知は当該例大会の題名，発表者，開催日時・開催場所等の情報が織り込まれる。その例大会案内は2段組みで印刷されたが，その下段に「学会短信」というコーナーが設けられたのは，発掘した資料では1966年5月の例会の案内からのことであった。それは当初例会の報告や事務連絡が中心になっていたが，1967年11月例会案内の「学会短信」で同年逝去された時枝誠記会長への「哀弔」を榎本隆司が寄せている。続く同年12月例会の案内では田島一夫が短いエッセイを寄せて，国語教育に関する話題をしたためている。それ以後，例会案内葉書の下段の「学会短信」では，会員が交代で国語教育に関連するエッセイを寄せることがあった。ただし1970年10月の例会案内で昆豊

が寄せて以来，1982年7月の案内で新たに「遠望近視」欄が設けられるまで，「学会短信」は事務的な連絡が中心であった。

　学会の例大会案内の葉書は2段組みで印刷されたが，その下段を使用して「遠望近視」と称するコーナーが初めて設けられたのは，1982年7月開催の123回例会案内においてのことである。第1回の「遠望近視」を執筆したのは榎本隆司であった。同年開催された大会で，榎本は学会の代表委員に選出されている。このときから「会長」の名称を用いずに「代表委員」の名称を用いるようになり，榎本は初代代表委員を務めることになった。この「遠望近視1」において榎本は，「現場での実践と研究との接点に立って，国語教育の多様な課題を考えてゆこうというのが本会の目的であり特色だ」と，本学会の目的および特色を明らかにしている。

　「遠望近視2」は金子大麓によって書かれている。金子は黙読偏重の時代の中で朗読が学習指導要領で取り上げられたことに言及し，「朗読の必要性を最も早く主張されたのは坪内逍遥先生である」と述べている。まさしく「早稲田大学における国語教育」の話題に直結する貴重な話題提起になった。以下「遠望近視」は，鈴木醇爾，橋本喜典，白石大二，佐野斉孝らによって書かれた。国語教育に関する多様な話題が取り上げられている点が，最大の特色といえよう。例大会案内を受け取った会員は，この「遠望近視」によって国語教育に関する最新の話題を執筆者と共有することができ，様々な示唆を得たものと思われる。学会誌とあわせて，例大会案内の「学会短信」そして「遠望近視」欄にも注目しておきたい。

　同学会の機関誌として，『早稲田大学国語教育学会会報』（以下「会報」と称する）が発行されたのは，1968年2月のことである。第1号は4ページで構成されているが，その1ページ目に川副國基が「時枝先生と早大国語教育学会」というエッセイを寄せている。時枝誠記の人となりを伝えつつ，前年10月に逝去した時枝を偲ぶ内容であった。時枝が初代会長に着任したことから，「先生の御指導のおことばだけを聞くために参会した人も多かったのではないかと思う」という川副のことばは，同学会における時枝の影響の大きさを物語るもの

で，先に引用した榎本隆司の「老馬之智」の指摘にも通ずる内容である。続く2ページ目には，白石大二の「学問と教育実践との接点――時枝誠記先生の一つの思い出」が収録されている。ここで白石は，学会の重要な特質について，例会発表の内容から「実践と学問とが接合した発表会は，おそらくどこにも見られない学会の姿」と評している。この「実践と学問との接合」こそが，「早稲田大学における国語教育」の一つの特色であった。その点を象徴するかのように，会報1号には，山崎正之の「古典の現代語訳――三重吉『古事記物語』をめぐって」と久米芳夫「ひとりごと」および中村徳治の「評価の方法に悩む」がそれぞれ収録されている。山崎の文章は「学問」を話題にし，久米と中村のものは「実践」を話題にしている。

『会報』の第2号が刊行されたのは1968年6月のことである。第1号にすぐ続けての発行という事実は，当時の会員および役員の情熱を物語る。同年は4月，5月，6月と続けて例大会が開催されている。その内容がすべて『徒然草』に関するものであったことから，同時期に発行された『会報』第2号でも『徒然草』が特集されていた。この号もまた「実践と学問との結合」が意識され，それぞれに関連する内容のエッセイが収録された。

『会報』の第3号は1968年9月に発行されている。この号では，「ローカル通信」のコーナーが設けられ，茂木照夫が「岩手の人々」の一文を寄せている。このことは，同学会が会則に「本会は，国語教育に関する研究，並びに会員相互の親睦をはかることを目的とする」と謳われたことを受けている。すなわち会則後半の「会員相互の親睦をはかる」という目標を実現するためのコーナーとしての役割が期待されたものと思われる。なおこの「ローカル通信」は，第4号で山口毅が執筆したものの，それ以後は途切れた形になっている。それに代わって，1969年12月に発行された第6号（第6号と表記された『会報』が2回連続して発行されているので，実際には第7号）からは「職場通信」というコーナーが設けられた。ただしこのコーナーも単発的なものであった。この点からは，『会報』の編集方針が様々な形で模索されていたことが想像できる。

1973年12月に発行された第12号からは，『会報』の形式も整って，早稲田大

学高等学院と早稲田実業学校に在職する会員が，交互に編集するというシステムが整ったように思われる。第13号巻末の「彙報」においては，原稿募集の案内が見られるが，そこに会員からの投稿を促すメッセージがあり，その中には「職場だより」や「ローカル通信」を募集する旨が書かれていた。これまでの『会報』に登場したコーナーを振り返りつつ，原稿募集をしている点に注意しなければならない。実際に確認できた『会報』は，第15・16合併号までであったが，例大会案内の情報によれば，実際には1979年に発行された第17号まで続いたとされている。

　『会報』に収録された原稿は，内容によって以下のように分類できる。
　① 日本文学および日本語学の研究に関するもの。
　② 国語教育実践に関するもの。
　③ 近況報告など，会員相互の親睦を深めるのに資するもの。
　④ 例大会の研究発表内容に関するもの。
　⑤ 発表者および原稿募集，さらに事務的な内容に関するもの。

　これらは同学会の機関誌の内容としていずれも貴重なものであり，1981年に学会誌『早稲田大学国語教育研究』として刊行されるようになってからも，引き継がれた。また執筆者として，早稲田大学の専任教員が積極的に原稿を寄せていたことも特記すべき特色である。さらに『会報』第1号に白石大二が書いた「実践と学問との接合」という点は，『会報』を貫く重要な特色であったといえよう。そしてその特色は『早稲田大学国語教育研究』にも引き継がれ，今日に至っている。

6　例大会の開催とその内容をめぐって

　1963年の発足以来，2014年1月まで258回もの例大会が開催されてきた。また『早稲田大学国語教育学会会報』が刊行され，それを受け継ぐ形で発刊された機関誌『早稲田大学国語教育研究』も2013年3月には33集が刊行されている。本書の第4章では，そのほぼすべての例大会その他の内容を一覧表として掲載

することにした。本章では，例大会における研究発表・講演の題目や，シンポジウムのテーマ，また機関誌等に掲載された論文・実践報告を概観し，年代ごとに分野別の傾向があるかどうかを見定めてみたい。そして，それを一つの指標としながら，早稲田大学における国語教育の歴史の一端を見てゆきたい。

　例大会の内容に言及する前に，年間の回数について取り上げる。なお以下は「年度」を単位として考えることにする。同学会が発足した1963年度には3回開催されている。第1回が開催されたのが11月ということで，この回数は決して少ないものではない。翌1964年度には，9回の例大会が開催されている。開催月は，4月，5月，6月，7月，9月，10月，11月，1月，2月で，合計9回開催された。このうち6月には大会が開催され，11月例会では「教育実習の体験と今後の課題」というテーマで，教育実習を体験した教育実習生5名が発表者となっている。

　1965年度には年間6回の例大会が開催されている。このうち6月は大会で「受験と国語教育」というシンポジウム，そして7月には「国語教育の型」というテーマで座談会が企画されていた。続く1966年度には合計8回の例大会が開催され，7月には「現時国語教育界の問題点 ― わが会の課題をさぐりつつ」というテーマで座談会が実施されている。年度内の開催日数を調べてみると，年間の開催回数は1978年度までは6回から8回のことが多く，1979年度からは年度内には4回から5回の開催という状況であった。年度内4回開催という形態が主流となり，開催月は4月，6月，10月（もしくは11月），1月（もしくは12月）であることが多く，この中で6月には大会が開催される年度がほとんどである。この形態はその後長く続いて，2014年現在に至っている。

　続けて例大会の発表内容を見てみると，発足当初から日本文学および日本語学に関係する教材研究の分野の研究が行われてきたことが分かる。日本文学研究関連では，古典（古文と漢文）と現代国語（現代文）の研究がバランスよく，ほぼ同じ回数でなされてきた。教科書に採用される教材の数や授業時数においては，おおむね「現代文」が「古典」を上回る形態であり，さらに実際の授業時数や大学入試問題で「漢文」の比率が低下してきたことを勘案すると，古典

教育の重視が本学会の特徴の一つであると見ることができるだろう。このような教科の「内容学」としての文学・語学研究の活性化は，そのまま早稲田大学における国語教育の主要な特色の一つと見ることもできよう。

　一方，授業実践の報告など「教育学」に直接関わる研究は，1980年代後半から盛んになり，2010年以降は全分野の中で最も高い割合になっている。1990年4月に早稲田大学に大学院教育学研究科が新設され，まず修士課程が出発し，続いて1995年4月には博士後期課程が加わることになった。国語教育を専攻する専任教員も着任した。このような国語教育に関する専門的な研究環境が整備されたことも，同学会の国語教育関連テーマの充実と無縁ではない。とりわけ2007年10月に第1回学生会員発表会が開催され，以後毎年同時期に開催されているという実態は，大学院教育学研究科と本学会との交流を物語っている。

　同学会の事務局が置かれた早稲田大学教育学部国語国文学科の専任教員は，全員が同学会会員となり，学会の活動に様々な形で携わってきた。ちなみに先に挙げた代表委員はすべて国語国文学科の専任教員であった。そして定年退職時の「最終講義」を，本学会での講演として実施することも多かった。また新規着任教員は，同学会の例会での研究発表をすることも慣例となっている。このように，同学会と教育学部国語国文学科との関連という観点もまた，例大会の内容の展望に必要なものである。

　続いて例大会の内容を確認すると，かつては学習指導要領の改訂を正面から扱った研究はほとんど見られなかった。ところが1978年9月の例会で，山崎賢三が「多様化時代の教育課程－新学習指導要領について」と題する研究発表をしてからは，1989年の改訂時から学習指導要領に関するテーマが例大会で扱われるようになった。1989年7月の大会では「学習指導要領の改訂をめぐって」という研究テーマが設定され，藤原宏の「啓蒙 ― 文化 ― 社会 ― 個人」と題する講演と，学外から直接学習指導要領の改訂に携わった文部省の国語科教科調査官北川茂治を招いて，「〔言語事項〕の指導と『現代語』」と題する講演が実施された。また1992年9月の例会では，大平浩哉が「新課程の国語科教育と授業の改善」と題して講演を実施している。さらに大平は，1998年1月の例会

で，最終講義を兼ねた「国語教育改革の課題」と題する講演において，学習指導要領の話題に触れている。

　2008年・2009年の学習指導要領改訂に際しては，2年連続して大会シンポジウムのテーマとして取り上げられている。すなわち2009年6月の大会では「伝統文化の教育とは何か ── 新『学習指導要領』をめぐるシンポジウム」という研究テーマが設定され，学外からは文部科学省国語科教科調査官の冨山哲也が招かれた。翌2010年6月の大会でも「新学習指導要領を見据えた『言語活動』」というテーマのシンポジウムが開かれて，学習指導要領の作成協力を担当した高木まさきが登壇した。このように学習指導要領に改訂に伴う研究テーマが設定され，研究発表，講演，そしてシンポジウムが展開されてきたという事実は，同学会の新しい傾向として認めることができる。

　本章で概観した同学会の例大会の動向を通して明らかになったのは，文学研究・教材研究と国語教育とが両立する形で，学会を支えてきたという事実にほかならない。この事実は，早稲田大学において教科の「内容学」としての日本文学，中国文学，日本語学研究から自立して，「教育学」が一つの研究分野としての確固たる地位を獲得したことを示すものといえるだろう。

7　早稲田の国語教育を支えた川副國基

　これまで，早稲田大学国語教育学会の活動を中心に，「早稲田大学と国語教育」に関して考察を加えつつその足跡を辿ってきた。ところで早稲田大学と国語教育について考える際に，川副國基の名を欠くことはできない。日本近代文学の研究者としての業績と同様に，国語教育における多大な貢献は重視されるべきである。そこで本節では，川副國基に焦点を当てて，そのいくつかの業績を明らかにすることにしたい。

　早稲田大学高等師範部の学科配当表によると，川副は日本文学関係の講座として「国語・芸術特修」「国文講読」「古典」「古典要説」，そして国語教育関係として「国語教授演習」を担当していた。高等師範部が教育学部として新たな

出発をした1949年までの間，川副は早稲田大学の国語教育関係の講座を一手に引き受けていたことになる。そして高等師範部の国漢科の伝統を受けて設置された教育学部国語国文学科になってからも，国語教育関係の講座の担当を続けている。1951年度の教育学部の学科配当表によれば，川副の担当は4年次の「現代文学」と「教材研究」であった。この「教材研究」は科目の名称からも国語教育関連の講座であることが分かる。さらに教育学部新設とともに1949年9月に併置された教職課程においても，教職に関する科目の「国語科教育法」を担当した。そして早稲田大学国語教育学会においては，初代会長の時枝誠記の後，1968年から1979年まで会長に就任している。この間，特に教職を志望する学生の指導を精力的に担当し，早稲田大学からの教員採用に大きく道を開いたということも，川副の重要な仕事の一つであった。国語教育学会の例大会には毎回のように参加して発言をしている。学会の常に中核にあって会を育ててきた川副の功績は，誰もが認めるところであろう。

　川副は優れた研究者であると同時に優れた教育者でもあった。川副の国語教育研究の在り方は，何よりも教え子に対する心優しい気配りに見ることができる。川副は教職を目指す卒業生に対して親身になって就職先を探し，「稲門教育会」を中心とした広いネットワークを活用して求人のある多くの学校に卒業生を紹介した。今日に至るまで多くの卒業生から強く慕われていることは，決して理由のないことではない。

　教員採用のための間口を広げるという目的に加えて，教育実習を受け入れる学校を増やすという目的からも，早稲田大学出身の教育職在職者のネットワークを確立する必要があった。「稲門教育会」がそれに当たるわけだが，1976年7月の創立に当たって川副は指導的な役割を担った。さらに早稲田大学出身の都立高校教員の親睦会である「稲教会」その他の会にも積極的な交流を持って，ネットワークの拡大に大きく貢献した。

　1978年4月には，教職を志望する学生の指導相談のための部署として，教員就職指導室が開設された。その開設に際しても，川副の多大な尽力があった。初代担当者には，川副の推薦によって高等師範部出身の金子大麓が就任してい

る。金子は国語教育学会にも積極的に参加して，後輩の指導に当たった。

　川副の国語教育に対する基本的な考え方は，「国語国文研究と国語教育」(『わせだ国文ニュース』1965.6) に端的に表れている。この文章において，川副は次のように述べている。

　　国語教育といっても，根本的には教師自身に国語・国文の力の蓄積が十分になされていなければならないことはいうまでもない。国語教師が国語・国文の研鑽を怠るようでは国語教育は空転するほかはないであろう。国語教育学の構想など，なりたちはしないのである。結論をいえば，大学の国文科の教師や学生も国語教育に関心を抱く一方，現場の国語教師はまた国語・国文の研究そのものにも続けて関心していかなくてはならない。

　ここで注目したいのは，川副が国語教育と日本語・日本文学の研究とを明確に結び付けているという点である。国語教育研究においてまず求められるべきは，日本語・日本文学の研究だという主張は，本章において繰り返し主張した早稲田大学における国語教育の原点になると思われる。長い歴史の中で着実に培われた早稲田大学の日本語・日本文学研究の成果は，そのまま国語教育研究に生かすことができる。両者の研究を架橋する着想こそ川副の国語教育観であり，「早稲田の国語教育」の基本理念にほかならなかった。国語教育のみに偏ることなく，日本語・日本文学の方面に透徹した研究を進めながらそれを「根本」とし，広い視野から国語教育研究を進める必要性が明確に指摘されている。川副は日本近代文学研究者として，日本語・日本文学研究の重要性を十分に認識していた。それを原点に据えた国語教育研究が，川副の理想とするところであった。そしてこの考え方こそが，今後とも早稲田大学において国語教育研究を推進する際の最も基本的な考え方となるべきと考えている。教職課程科目の「国語科教育法」が，長く日本語・日本文学の研究者によって担当されてきたことは，この傾向の現れでもあった。

　川副國基が逝去したとき，『わせだ国文ニュース』(1979.11) に榎本隆司と東郷克美が「弔辞」を寄せている。榎本の弔辞の冒頭は，宮崎に誕生した稲門教育会の報告であった。川副が，会が立派に育ち定着してきたことに「生みの

親」としての満足感を表明していたことを，榎本は伝えた。そして川副の教育学部における功績について，「余人にかえがたい存在であり，最大の功労者であった」と述べている。東郷の弔辞にも，「すぐれた教育者として実に多くの教え子を育て世に送り出されました」というくだりがあったことを確認しておきたい。

　川副が目指した方向は，その後榎本隆司によって継承された。さらにその指導を受けた多くの者が，いままさに研究と実践を通じてその薫陶を確認しているところである。

8　総括と課題

　第4節で引用したように，同学会の設立に際しては「母校の国文の先生方と現場の国語教育に挺身しておられる校友の方々との，親しい交流の上での研究をもちたいという気運」が主要な基盤であった。これは換言すれば，「研究」と「実践」との交流が目指されていたということにもなろう。同じ趣旨は，第5節で紹介した「遠望近視1」の「現場での実践と研究との接点に立って，国語教育の多様な課題を考えてゆこうというのが本会の目的であり特色だ」という榎本隆司の指摘につながってくる。同じ節で続けて紹介したのは，『会報』の第1号における白石大二の「実践と学問とが接合した発表会は，おそらくどこにも見られない学会の姿」という指摘であったが，この白石の指摘もまったく同じ内容といえよう。すなわち，教育現場での実践と大学での研究を結ぶ場所として同学会が位置付けられ，それを目指して着実に歴史を積み重ねつつあるというのが同学会の大きな特色となっている。

　同学会の事務局には例大会のレジュメ・資料もある程度保管されていることが確認できた。今後の課題はそれらの資料を丹念に分析し，より具体的に同学会の内容を明らかにするという点である。同学会は2013年に設立50周年を迎えたことから，今後は同学会に関する研究成果を生かしつつ，さらなる研究を深める必要性も指摘できる。

繰り返し述べるように，同学会の最大の特色として，教科の内容学としての文学・語学研究と教育学としての国語教育研究との交流，そして研究と実践との交流という点を考えることができる。これがそのまま「早稲田大学と国語教育」という本書全体のテーマにつながるものと思われる[7]。

【注】
1）「国語科」の成立過程に関しては，小笠原拓『近代日本における「国語科」の成立過程 ―「国語科」という枠組みの発見とその意義』（学文社，2004.2），甲斐雄一郎『国語科の成立』（東洋館出版社，2008.10）などの先行研究がある。
2）『早稲田文学』（1926年5月）。以下の坂本の回想の引用はすべてこの文章による。なお『早稲田文学』では，「冨山房社長　阪本嘉治馬氏談」とされている。
3）坪内逍遥の国語読本に関しては，岩佐壮四郎「坪内逍遥の『国語読本』」（榎本隆司編『ことばの世紀 ― 新国語教育研究と実践』明治書院，1999.3）などの先行研究がある。
4）五十嵐力の国語読本に関しては，浅田孝紀「五十嵐力の国文教育論に関する考察 ― 国語読本の編纂まで」（早稲田大学国語教育学会『早稲田大学国語教育研究・第10集』1990.6），浜本純逸「昭和戦前期中学校国語科『講読』における解釈法の探究 ―『省勞抄　純正國語讀本参考書』（五十嵐力監修）を中心に」（早稲田大学国語教育学会『早稲田大学国語教育研究・第30集』2010.3）などの先行研究がある。
5）榎本隆司には，『作文教室』（新塔社，1979.3）や杉原四郎・井上忠司との共著『研究レポートのすすめ』（有斐閣，1979.8），編著として『新国語科教育法－各科教育法双書1』（学文社，1982.3），『教科教育研究国語』（学文社，1993.4），『ことばの世紀 ― 新国語教育研究と実践』（明治書院，1999.3）などの国語教育に関わる著作がある。
6）表記はすべて原文のままとした。
7）本章の研究課題に関する主な先行研究としては，早稲田大学大学史資料センター編『CD－ROM版・早稲田大学学術研究史』（2004.4），『早稲田大学国語教育研究・第30集（特集・早稲田の国語教育）』（早稲田大学国語教育学会，2010.3），町田守弘「早稲田大学国語教育学会に関する一考察 ―『早稲田大学における国語教育の研究』の一環として」（早稲田大学教育総合研究所『早稲田教育評論・第27巻第1号』2013.3）などがある。なお本章執筆に際しては，これらの中の町田守弘執筆個所を踏まえている。

第4章

早稲田大学国語教育学会の活動と歴史
― 例大会の記録 ―

大貫　眞弘

　早稲田大学国語教育学会は設立以来，今日に至るまで，例会・大会の開催と，機関誌の発行という二つの活動を継続的に行ってきている。この二つの活動が本学会の歴史を刻んできたといえよう。

　そこで本章では，本学会の歴史を俯瞰することを目的として，本学会の設立時から今日に至るまでに行われた全ての例会・大会のデータの一覧，ならびに，学会誌『早稲田大学国語教育学会会報』（1968年2月から1979年3月まで），『早稲田大学国語教育研究』（1981年3月から今日に至るまで）の各号所収のタイトルと著者の一覧を示すこととした。

　本学会の設立時から今日に至るまでに行われた全ての例会・大会のデータとして示す項目は，①開催年月，②通算回，③発表テーマ，④発表者，⑤発表者の所属が早稲田大学である場合はその本属，⑥発表者の勤務校種，⑦発表内容の分野，の七つである。

　「⑤発表者の早大内本属」については，早稲田大学教員（表中「早大」と記載），早稲田大学附属・系属校教員（表中「附」または「系」と記載），早稲田大学の学生（表中，大学院生であれば「院」，学部生であれば「学」と記載）の3項

目に分類している。なお，非常勤講師である場合は括弧付きで記している。

「⑥ 発表者の勤務校種」については，大学（表中「大」と記載），高等学校（表中「高」と記載），中学校（表中「中」と記載），中高一貫校（表中「高・中」と記載），小学校（表中「小」と記載），学校以外の公的機関（表中「公」と記載），それ以外の職種（表中「他」と記載）の7項目に分類している。なお，非常勤講師である場合は括弧付きで記している。

発表者が大学院生と現職教員を兼ねている場合もあり，その場合は「⑤ 発表者の早大内本属」と「⑥ 発表者の勤務校種」の両項目への記載がある。ただし，管見の範囲内であることを容赦されたい。

「⑦ 発表内容の分野」の欄については，国語教育分野（表中「教」と記載），国語学分野（表中「語」と記載），近代・現代文分野（表中「現」と記載），古文・古典分野（表中「古」と記載），漢字・漢文分野（表中「漢」と記載），表現分野（表中「表」と記載）の6項目に分類している。各発表をどの項目に分類するかという点については，発表の題名と，機関誌『早稲田大学国語教育学会会報』『早稲田大学国語教育研究』に掲載された発表概要から判断した。なお，当然ながら，上記6項目のうち複数の項目に該当する発表もある。

データの典拠は，「平成7年度版会員名簿」巻末の「例会・大会記録」，機関誌『早稲田大学国語教育学会会報』『早稲田大学国語教育研究』に掲載されている活動記録，会員に送られる例大会開催通知葉書，学会事務局会議資料である。

毎回の例会・大会のテーマと発表者は，「事務局会議」で討議の上決定されるのが通例である。「事務局」は近年では10名前後で構成されており，その内訳は，早稲田大学教育学部国語国文学科の専任教員，小学校・中学校・高等学校・大学の現職教員，早稲田大学教育学部国語国文学科の助手，である。表の末尾には，現調査段階において判明している1982年以降の事務局のメンバーを一覧の形式で示すこととした。データの典拠は，『早稲田大学国語教育研究』の各号に記載されている「役員名簿」と，学会事務局会議資料である。

また，機関誌『早稲田大学国語教育研究』は，毎号の特集テーマの決定や査

読を「編集委員」が行っている。そこで，表の末尾には各刊号の編集委員を一覧の形式で示すこととした。データの典拠は，『早稲田大学国語教育研究』の各号に記載されている「役員名簿」である。ただし，当該刊号に「役員名簿」が掲載されていない場合は「刊号に記載なし」と記した。

早稲田大学国語教育学会　例

年	月	回		テーマ	所属	発表者・講師	
1963 昭38	11	1		語学教育と国語教育	早大	白石　大二	
	12	2		たどり読み方式鑑賞はありえない	早大	時枝　誠記	
1964 昭39	1	3		評論文の教材研究－加藤周一の「日本文化の雑種性」	竹台高	久米　芳夫	
	4	4		機能文法か体系文法か　中学校の文法教育	中野八中	柿木　昌平	
	5	5		「文学教育」私見	早大	鳥越　信	
	6	6	大会	「現代国語」と文学教育	小平高	東郷　克美	
				現代詩教材を主とした実際的指導例	横須賀大津高	昆　豊	
				古典文学教育の問題点	早稲田高	橋本　勇	
			講演	教壇40年	早大	安藤　常次郎	
	7	7	座談会	■国語教育の現状の声を交換する		（参加者討議）	
	9	8		■漢文教育における二,三の問題点　－漢文入門篇・漢詩についてなど－	千歳台高	氏橋　一	
					船橋高	山崎　一穎	
	10	9		文学作品の指導過程「坂道」	荒川九中	谷野　小枝子	
	11	10		■教育実習の体験と今後の課題	早実教育実習生	羽田　喜久夫	
					早実教育実習生	松井　俊	
					早実教育実習生	橋本　洋介	
					早実教育実習生	神田　厚	
					早実教育実習生	越智　敬	
1965 昭40	1	11		古典入門－今昔物語をいとぐちとして－	早大	櫻井　光昭	
	2	12		「現代国語」と短歌	早実	羽山　力	
	4	13		説明的文章の読解　－桑原武夫の「文学入門」をめぐって－	竹台高	菊野　和夫	
	6	14	大会 シンポジウム	■受験と国語教育	早大	紅野　敏郎	司会
					近代文学研究家	草部　典一	
					昭和女子大	村松　定孝	
					武蔵高	佐々木　啓之	
					東工大附属高	山崎　正之	
	7	15	座談会	■国語教育の型	早大学院	小林　一路	
	9	16		高校作文教育の問題点	長野県立上田高	東　栄蔵	
	11	17		言語生活	早大	時枝　誠記	
1966 昭41	1	18		「現代国語」におけるグループ学習	青山学院高等部	米田　千鶴子	
	4	19		「現代国語」教材私見－「走れメロス」「最後の一句」をめぐって－	東工大附属工高	岡本　卓治	
	5	20		勤労青年と国語教育　－定時制工業高校の場合－	港高	川合　道雄	
	6	21	大会	■「平家物語」の授業（主題と形象）－「木曾最期」をめぐって－	都立大附属高	難波　喜造	
					早大	梶原　正昭	
	7	22	座談会	■現行国語教育界の問題点－わが会の課題をさぐりつつ－	早大	榎本　隆司	司会
	10	23		ことばと機械	国立国語研究所	石綿　敏雄	
	11	24		古典入門　－中学から高校への古典導入－	千歳丘高	小柏　二郎	
	12	26		学校図書館と国語教育	早大学院	伊藤　助松	
1967 昭42	1	26		古典読解指導　－宇治川先陣をめぐって－	千歳丘高	三沢　肯天	
	4	27		中学校における一読総合法について－永井竜男「黒い御飯」をめぐって－	葛飾区立四ツ木中	田島　伸夫	
	5	28	早大国語学会との共催	言語過程説の検証について	早大	時枝　誠記	
	6	29	大会	報告・ひとつの実践	都立光明養護学校	掛下　初夫	
				肢体不自由児の国語教育	都立光明養護学校	長沢　文男	
			講演	生きた生活,生きた文章	作家	豊田　正子	
	7	30		謡曲教材の扱い方　－「隅田川」を中心に－	早大	小林　保治	
	9	31		■教育実習をふりかえって	教育学部4年生	草山　和男	
					教育学部4年生	土屋　仁	
					教育学部4年生	荻原　康正	
					教育学部4年生	日高　昭二	
	10	32		聴き方教材とその指導	練馬高	角田　旅人	
	11	33		漢字指導の一試案	早大学院	三浦　和雄	
	12	34		「阿部一族」の一つの読み方	跡見女子短大	中村　完	

第4章　早稲田大学国語教育学会の活動と歴史

大会一覧　〔1963年～2014年1月〕

発表者の早大内本属			勤務校種						発表内容の分野						備考
早大	附属系属	院生学部生	大	高	中	小	公	他	国語教育	国語学	現代文	古文古典	漢字漢文	表現	備考
早大			大						教	語					1963.10 設立総会開催
早大			大						教	語					会長：時枝誠記
				高					教		現				
					中				教	語					
早大			大						教		現				
				高					教		現				
				高					教		現				
	系			高					教			古			
早大			大						教						
				高					教				漢		
				高					教				漢		
					中				教						
		学													
		学													
		学													
		学													
早大			大						教			古			
	系			高・中					教		現				
				高					教		現				
早大			大												
								他	教						
			大						教						
				高											
				高											
	附			高					教						
				高					教					表	
早大			大							語					
				高					教		現				
				高					教		現				
				高					教		現				
				高					教			古			
早大			大						教						
早大			大						教						
							公		教						
	附			高					教			古			
				高					教			古			
					中				教		現				
早大			大							語					
					養護				教						
					養護				教						
								他						表	
早大			大						教			古			
		学													
		学							教						
		学													
				高					教					表	
	附			高					教				漢		
			大								現				

年	月	回			テーマ	所属	発表者・講師	
1968 昭43	2	35			「枕草子」における清少納言の漢籍の素養	早実	矢作 武	
	4	36			古典教材論・徒然草（一）「徒然草」指導への一提言	早大学院	佐藤 陸	
	5	37			古典教材論・徒然草（二）「徒然草」語法上の問題点	県立竜ヶ崎二高	伊藤 秀	
	6	38	大会	早大国語学会との共催	■古典教材論・徒然草（三）			
					「徒然草」第137段をめぐって	前橋高	田辺 明義	
					「徒然草」試論	中央大	塚本 康彦	
					「徒然草」と当代語	早大	白石 大二	
	7	39		座談会	■国語教育の現場から	早大	榎本 隆司	司会
	9	40			現代国語の諸問題（一） 副読本の制作と活用	和光大	野本 秀雄	
						武蔵高	佐々木 啓之	
						秀英出版	金森 良之	
						早大	紅野 敏郎	
						麻布学園	栗坪 良樹	
	11	41			高木市之助「刻銘」（「古文芸の論」所収）をめぐって －「記録」教材の意義－	都教育研究所指導主事	中村 格	
	12	42			時枝誠記博士の学問における非国語学的なもの	早大	白石 大二	
1969 昭44	2	43			現代国語の諸問題（二）中島敦の「山月記」の主題とその扱い方	都立日本橋高	鈴木 醇爾	
	4	44			「枕草子」における機智の段の扱い方	女子聖学院	岡田 潔	
	5	45			近代短歌の扱い方二、三	早大学院	武川 忠一	
	6		大会		中止			
	12	46			伊勢物語における連体形に関して	早大	岩淵 匡	
1970 昭45	2	47			中学校における国語科指導上の問題 －主として作文の領域について－	新宿区教委指導主事	長田 和雄	
	5	48			「枕草子」の指導をめぐって	早大	中野 幸一	
	6	49	大会	講演	人麻呂における「死」	成城大	中西 進	
				講演	額田王を憶ふ	早大	谷 鼎	
	7	50		座談会	■教壇三ケ月	県立平塚技術高	河野 芳夫	
						早実	中島 国彦	
						吉祥女子高	小林 啓子	
						藤村女子高	鈴木 孝庸	
						都立江戸川高	北爪 幸夫	
						村山一中	吉田 道子	
						都立墨田川高	片山 亨	
	10	51			志賀直哉の「鯛沼行」－その展開について－	京北高	内田 守紀	
	11	52			太宰治の「富嶽百景」	東海大附属高	堀江 晋	
	12	53		座談会	■小説指導の問題点	早大学院	東郷 克美	司会
1971 昭46	1	54			漱石教材の問題	早大	紅野 敏郎	
	5	55			教材の文体論的扱い －「山月記」を中心に	東工大附属工高	山本 昌一	
	6	56	大会	講演	国語教育をめぐって	立正女子大	松隈 義勇	
				講演	国語教育雑感	早大名誉教授	佐々木 八郎	
	7	57			丸山薫「未来へ」をめぐって	早大学院	竹田 日出夫	
	9	58			教室で読む朔太郎 －その実践の前に－	早実	中島 国彦	
	10	59			中原中也「浅い歌」	東工大附属工高	大屋 幸世	
	11	60			詩を教材としてどう扱うか	立正女子大	原 子朗	
	12	61			俳句を教えるということ	成城大	山下 一海	
1972 昭47	1	62			近代短歌の扱い方 －啄木を中心に－	都立日野高	山田 平	
	4	63			竹取物語の取り扱い －古典乙1入門篇において－	早実	奥津 春雄	
	5	64			伊勢物語の取り扱いかた	早大	上野 理	
	6	65	大会	講演	機械と人間	早大	高木 純一	
	7	66			古代文学の指導 －古事記・倭建命をめぐって－	早稲田中高	黒川 光	
	10	67		最終講義	漢文教育五十年	早大	大矢根 文次郎	
	11	68			平家物語の扱い方 －「橋合戦」の表現を中心に－	都立江戸川高	北爪 幸夫	
1973 昭48	1	69			国語読本の変遷〈資料展示〉明治の国語読本	東横女子短大	長谷川 敏正	
	5	70			漢文入門における一、二の問題	早実	鈴木 義昭	
	6	71	大会	講演	教材としての近代短歌	実践女子大	木俣 修	
	10	72			説話文学の教材をめぐって －「宇治拾遺物語」を中心に－	早実	小峯 和明	
	11	73			日記文学の教材をどう扱うか －更級日記を中心に－	早大	津本 信博	

第4章 早稲田大学国語教育学会の活動と歴史 65

発表者の早大内本属			勤務校種						発表内容の分野						備考
早大	附属系属	院生学部生	大	高	中	小	公	他	国語教育	国語学	現代文	古文古典	漢字漢文	表現	備考
	系			高・中								古			1968.2『早稲田大学国語教育学会会報第1号』発行
	附			高					教			古			1968〜1970 学習指導要領改訂
				高					教			古			
															1968.6『早稲田大学国語教育学会会報第2号』発行
				高											
			大						教			古			
早大			大												
早大			大						教						1968.9『早稲田大学国語教育学会会報第3号』発行
			大												
				高											
								他	教		現				
早大			大												
				高・中											
							公		教		現				
早大										語					
				高					教		現				1969.2『早稲田大学国語教育学会会報第4号』発行
				高					教			古			1969.4『早稲田大学国語教育学会会報第5号』発行
	附			高					教		現				1969.6『早稲田大学国語教育学会会報第6号』発行
															日米安保闘争の影響のため中止
早大										語					1969.12『早稲田大学国語教育学会会報第7号』発行
							公		教					表	
早大									教			古			
			大									古			1969.6大会中止の代替
早大			大									古			
				高											1970『早稲田大学国語教育学会会報第8号』発行？（未確認）
	系			高・中											
				高					教						
				高											
					中										
				高											
				高					教		現				
				高					教		現				1970.11『早稲田大学国語教育学会会報第9号』発行
	附								教		現				
早大			大						教		現				
				高					教		現				
			大						教						1971.6『早稲田大学国語教育学会会報第10号』発行
早大			大						教						
	附			高					教		現				
	系			高・中					教		現				
				高					教		現				
			大						教		現				
			大						教		現				
				高					教		現				1972.1『早稲田大学国語教育学会会報第11号』発行
	系			高・中					教			古			
早大			大						教			古			
早大			大												
	系			高・中					教			古			
早大			大						教				漢		
				高					教			古			
			大						教						
	系			高・中					教				漢		
			大						教		現				
	系			高・中					教			古			
早大			大						教			古			

年	月	回		テーマ	所属	発表者・講師	
	12	74		国語教材としての「源氏物語」－明治書院版古典乙Ⅱをテキストとして－	東横女子短大	石原 昭平	
1974	1	75		小説教材「心」について	県立茅ヶ崎北陵高	平松 直子	
昭49	4	76		大鏡をどう扱うか	東工大附属工高	根本 敬三	
	5	77		老子の取り扱い方	早大	柳瀬 喜代志	
	6	78	大会 講演	言葉と真贋	詩人	長田 弘	
	9	79	早大国語学会との共催	国文法の打消語と漢字の否定語について		滝沢 俊亮	
	10	80		坪内逍遙の小学読本について	早大大学院	岩佐 壮四郎	
	11	81		万葉集の教材と授業についての所感	早大学院	内藤 磐	
	12	82		古事記 倭建命の扱い方	早大学院	後藤 良雄	
1975	1	83		中学国語教科書の現状	練馬区立大泉中	安東 洋子	
昭50	4	84		国語教育と日本語教育	早大	坪井 佐奈枝	
	5	85		「現代国語」指導上の問題点	都立両国高	堀内 武雄	
	7	86	大会 講演	古典のことば	作家・評論家	竹西 寛子	
	9	87		近代俳句の鑑賞方法について	共立女子高	瓜生 鐵二	
	10	88		中学生のための教材研究	富士中	太田 良夫	
	12	89		伊藤整「青春」について	駒場高	朝倉 淑子	
1976	1	90		芥川龍之介「雛」について	早実	石割 透	
昭51	4	91		必修クラブ活動「文芸研究」を担当して	明星学園	西澤 正彦	
	5	92		俳句教育の問題点	都立田園調布高	福田 光家	
	6	93	大会 講演	軍記物語と説話文学	山梨大	西尾 光一	
	7	94		中学生の作文教育	早実	川平 均	
	9	95		教材としての「沈黙」	京北高	風間 益人	
	10	96	講演	日本近代文学の特殊性	成城大	高田 瑞穂	
	11	97		虚構をどう教えるか	早大学院	岡本 卓治	
1977	1	98		文学教育の前提	都留文科大	関口 安義	
昭52	5	99		読解と鑑賞をつなぐもの	都教育委員会主任指導主事	山崎 賢三	
	6	100	大会 講演	むかしと今の国語教育	作家・評論家	杉森 久英	
			講演	日本の話芸漫談	早大	暉峻 康隆	
	10	101		中学校における私の国語指導法	豊島区立千川中	仲田 喜三郎	
	11	102		KJ法による文章要約指導の試み	早実	町田 守弘	
1978	1	103	講演	文学の受容・鑑賞・研究について		長谷川 泉	
昭53	6	104		国語教育とコンピューター	国文学研究資料館	田嶋 一夫	
	7	105	大会	詩の表現をめぐって	詩人	原 子朗	
				国語教育雑感	評論家	瀬沼 茂樹	
	9	106		多様化時代の教育課程 －新学習指導要領について－	都教育委員会主任指導主事	山崎 賢三	
	10	107		国語学習指導方法の改善 －視聴覚教材の活用をめぐって－	都立向丘高	菊野 和夫	
	12	108	講演	石山寺本一切経の訓点について	東大	築島 裕	
			講演	古典の敬語と現代の敬語	早大	辻村 敏樹	
1979	1	109	講演・最終講義	日本自然主義文学の本質	早大	川副 國基	
昭54	5	110		工業高校における国語教育の問題	県立相模台工高	長谷尾 哲	
	7	111	大会 講演	西行について	早大名誉教授	暉岡 章一郎	
	11	112		古典の基礎教育 －工業高校における古典Ⅰ甲－	都立小金井工高	内山 晴美	
1980	1	113		漢文教育における語法・語彙・文字の問題について	早稲田実学師	寺school 政男	
昭55	4	114		教育実習の指導を終えて	県立神奈川工高	逸矢 龍之介	
	7	115	大会 講演	複眼的思考について	早大	駒田 信二	
			講演	私の児童文学	児童文学者	古田 足日	
	11	116		芭蕉とその周辺 －俳文学研究の現況－	フェリス女学院大	堀切 實	
1981	1	117	講演・最終講義	演劇とわたし	早大	山本 二郎	
昭56	6	118	大会 講演	国語教材としての新美南吉の作品	早大	鳥越 信	
			講演	学校演劇または演劇教材の扱い方について	雑司ヶ谷中	高瀬 隆昌	
	9	119		学習材としての近代短歌	早稲田実	橋本 喜典	
	10	120		古典入門期の教材	蒲田高	佐藤 勝明	
				小説教材の扱い方 －島尾敏雄「いなかぶり」の場合－	京北高	中村 献作	

第4章　早稲田大学国語教育学会の活動と歴史　67

発表者の早大内本属			勤務校種					発表内容の分野						備考
早大	附属系属	院生学部生	大	高	中	小	公	他	国語教育	国語学	現代文	古文古典	漢字漢文	表現	
			大						教			古			1973.12『早稲田大学国語教育学会会報第12号』発行
				高					教		現				
				高					教			古			
早大			大						教				漢	表現	
								他							
										語					
		院							教		現				
	附			高					教			古			
	附			高					教			古			
					中				教						
早大			大						教	語					1975.6『早稲田大学国語教育学会会報第13号』発行
				高					教		現				
								他				古			
				高					教		現				
					中				教						
				高							現				
	系			高・中					教		現				
				高・中					教						
				高					教						1976.5『早稲田大学国語教育学会会報第14号』発行
			大									古			
	系			高・中					教					表	
				高					教		現				
			大								現				
	附			高					教						
			大						教		現				1977～1978 学習指導要領改訂
							公		教						
								他	教						
早大			大									古			
					中				教						
	系			高・中					教					表	
											現				
							公		教						1978.6『早稲田大学国語教育学会会報第15・16合併号』発行
								他			現				
								他	教						
							公		教						
				高					教						
			大									古			
早大			大							語					
早大			大								現				1979.3『早稲田大学国語教育学会会報第17号』発行
				高					教						
早大			大									古			
				高					教			古			
(早大)			(大)						教				漢		1980『早稲田大学国語教育学会会報第18号』発行？(未確認)
				高					教						
早大			大												
								他			現				
			大									古			
早大			大												1981.3『早稲田大学国語教育研究第1集』発行
早大			大						教		現				
					中				教					表	
	系			高					教			古			
				高					教		現				

年	月	回		テーマ	所属	発表者・講師	
1982 昭57	1	121	早大国語学会との共催講演・最終講義	回想・早稲田教壇の国語学者	早大	白石 大二	
	6	122	大会 講演	国語教育三十年	徳島文理大	奥津 春雄	
				海外における俳句の受容	早大	佐藤 和夫	
	7	123		「徒然草」を教えて	明大中野高	松丸 政雄	
				生き方を見つける作文指導	都立赤城台高	佐野 斉孝	
	10	124		半年たった「国語Ⅰ」 －古典及び表現－	海城学園	春田 裕之	
				「羅生門」の作文指導	都立桜町高	古井 純士	
	11	125		犀星「小景異情」の授業を通して	京北高	杉原 米和	
				定時制における国語教育 －授業以前と授業の中で－	都立立川高	松村 武夫	
1983 昭58	1	126	講演	青年教師時代をふりかえって －「北方教育」の綴方教育運動		滑川 道夫	
	6	127	大会 講演	近代短歌史の断面 －空穂・牧水など－	早大	武川 忠一	
				正岡子規の三つの句について	早大	安藤 常次郎	
	7	128		古典の授業で何を教えるか －生徒の実態に即して－	川崎南高	長野 和範	
				口語文法をどう教えるか	明大中野高	岸 洋輔	
	10	129		「国語Ⅰ」で表現をどう扱うか －総合性・関連性を生かすために－	早実	町田 守弘	
				夏目漱石「こころ」の読解指導	都立赤城台高	飯田 幸男	
	11	130		体系的な漢字指導の一試案	明星学園	内藤 哲彦	
				漢字テスト －採点する側・される側－	都立神代高	山本 昌弘	
1984 昭59	1	131	講演	表現の現在	作家	高井 有一	
	4	132		楽しい古典の時間への試行錯誤	麹町学園女子高	村井 朱夏	
				教室での「舞姫」	都立府中東高	鈴木 醇爾	
	6	133	大会 講演	暮しの中の民話	俳優	沼田 曜一	
	9	134		国語教材としての芸術論・文化論の扱い方	中央学院大附属中央商業高	斉藤 好司	
				文学の世界に目をひらく読みの授業	江戸川区立小松川一中	田島 伸夫	
	11	135	シンポジウム	■国語科教科書における現代文教材をめぐって －その現状と将来－	成城大	東郷 克美	司会
					大修館書店国語科教材編集部	高田 信夫	
					都立大森東高	本間 研一	
					早実	町田 守弘	
1985 昭60	1	136	講演	話芸の歴史と鑑賞	早大	興津 要	
			講演	国語教育における読書論の系譜	東京学芸大	田近 洵一	
	4	137		中学校の古典教育 －その実状と問題点－	中央区立四中	山崎 章	
				「竹取物語」の読みをめぐって	海城学園	小垣 貞夫	
	6	138	大会 講演	一葉と私	女優	幸田 弘子	
	9	139		表現学習とその指導	都教育研究所主任指導主事	深沢 忠孝	
	11	140		古典文法指導の一視点	早大	桑山 俊彦	
				教材としての鷗外	京華中高	矢部 彰	
1986 昭61	1	141	講演兼座談会	これからの読書教育	青山学院大	江野沢 淑子	
				これからの国語教育	大妻女子大	斎藤 義光	
	4	142		教材をどのように体験させるか －短歌教材の場合を中心に－	駒場東邦中高	芳澤 隆	
				生徒の発言を中心にした詩の授業	渋谷区立広尾中	福田 美枝子	
	6	143	大会 平曲鑑賞会	■「祇園精舎」「木曾最期」	前田流館山甲午門下	橋本 敏江	語り
					新潟大	鈴木 孝庸	解説
					早大	梶原 正昭	挨拶・紹介
	10	144		現代文教材と課外活動	早大本庄高等学院	高橋 聡	
	12	145		「徒然草」新教材の発掘 －第百三十六段・二百三十二段をめぐって－	神奈川県立川崎高講師	中島 輝雄	
					神奈川県立富岡高講師	星野 智也	
1987 昭62	1	146	講演	視点を映す表現	早大	中村 明	
	4	147		和歌教材の扱いをめぐって	早大学院	兼築 信行	
				古典の授業への取り組み －生徒に興味を持たせるために－	戸田市立美笹中	中西 由紀夫	
	6	148	大会 講演	教材としての「走れメロス」 －隠蔽された物語あるいは心情主義批判－	武蔵工大付中高	須貝 千里	
	9	149		太宰治・根源への旅	成城大	東郷 克美	
				修学旅行と連動した国語の授業 －文学研究と紀行－	都立一橋高	野村 敏夫	

第4章　早稲田大学国語教育学会の活動と歴史　69

発表者の早大内本属			勤務校種						発表内容の分野						備考
早大	附属系属	院生学部生	大	高	中	小	公	他	国語教育	国語学	現代文	古文古典	漢字漢文	表現	
早大			大							語					1982年より代表委員制（メンバーの詳細は表末）
			大						教						
早大			大								現				
				高					教			古			
				高					教					表	
				高・中					教			古		表	
				高					教		現			表	
				高					教		現				1982.11『早稲田大学国語教育研究第2集』発行
				高					教						
									教					表	
早大			大						教		現				1983.6『早稲田大学国語教育研究第3集』発行
早大			大								現				
				高					教			古			
				高					教	語					
	系			高・中					教					表	
				高					教		現				
				高・中					教				漢		
				高					教				漢		
								他						表	
				高					教			古			
				高					教		現				
								他							1984.6『早稲田大学国語教育研究第4集』発行
				高					教		現				
					中				教		現				
			大												
								他	教		現				
				高											
	系			高・中											
早大			大											表	
			大						教						
					中				教			古			
				高・中								古			
								他			現				1985.6『早稲田大学国語教育研究第5集』発行
							公		教					表	
早大			大						教			古			
				高・中					教		現				
			大						教						
			大						教						
				高・中					教		現				1986.4 教育総合研究室開設
					中				教		現				
								他				古			1986.6『早稲田大学国語教育研究第6集』発行
			大									古			
早大	附		大												
				高					教		現				
				(高)					教			古			
				(高)											
早大			大											表	
	附			高					教			古			
					中				教			古			
				高・中					教		現				1987.6『早稲田大学国語教育研究第7集』発行
			大						教		現				
				高					教		現				

年	月	回			テーマ	所属	発表者・講師	
	11	150	150回記念講演会		■国語教育の課題	江戸川区立清新二中	田島 伸夫	
						早大学院	岡本 卓治	
						都留文科大	関口 安義	
1988 昭63	1	151			■文学指導の現状と課題			
					「丸文字」について －現場からの報告－	吉祥女子高	黒川 孝広	
					文字指導はいかにあるべきか	早大講師	横山 淳一	
	4	152			入門期の古典文法の授業	佼成学園女子高	奥村 剛士	
	6	153	大会	講演	国語科教育にとってのニューメディア	共立女子高	大川 英明	
				講演	日本語の音声表現	NHK放送研修センター日本語センター	河路 勝	
	10	154			技術としての古典読解法 －宇治拾遺の「芋粥」説話を例として－	早大	櫻井 光昭	
	12	155			校歌と幸田露伴	都立墨田川高	坂本 愛子	
1989 平元	1	156			分析批評の有効性 －教材解釈と発問づくり－	栃木県茂木町立須藤中	杉田 知之	
	5	157			言葉を明かにした古文授業の探案 －入門期の文法指導を中心にして－	文化庁国語調査官	有元 秀文	
	7	158	大会		■学習指導要領の改訂をめぐって			
				講演	啓蒙－文化－社会－個人	早大	藤原 宏	
				講演	〔言語事項〕の指導と「現代語」	文部省初等中等教育局中高教育課	北川 茂治	
	9	159			俳句の世界へのアプローチ －主体的な読みを目指して－	都立北園高	横堀 利明	
	11	160			事実と意見 －言語技術の話－	学習院中等科	岩崎 淳	
1990 平2	1	161			日本語教育と国語教育	早大講師	坪井 佐奈枝	
	5	162			井出孫六「十石峠－秩父事件と地図」の学習	都立昭和高	深澤 邦弘	
	6	163	大会	講演	ジャンル体験 －TV・小説・演劇・映画の仕事を通して－	作家	山田 太一	
	9	164			高史明「失われた私の朝鮮を求めて」を読む	都立工業高専	髙野 光男	
					教室で読む「こころ」	早大	中島 国彦	
	11	165			「山月記」を読む	早稲田大	箕輪 武雄	
					ドイツ留学体験と「舞姫」	跡見学園女子大	山崎 一穎	
1991 平3	1	166			鈴木孝夫「ことばと文化」 －帰国生徒と一般生徒に対する実践－	国際基督教大高	佐野 正俊	
					谷崎潤一郎「陰翳礼讃」「文章読本」をめぐって	早大	千葉 俊二	
	5	167			古文入門期の指導 －「橋合戦」を素材として－	早大学院	大津 雄一	
					漢文入門期の指導 －訓読法を主体として－	千葉県立市原高	内藤 光雄	
					現行古典入門教材批判 －「宇治拾遺物語」を中心に－	早大	小林 保治	
	6	168	大会	講演	〈読む〉ことの可能性 －「こころ」をめぐって－	立教大	石崎 等	
				講演	自分の足取りに即した戦後国語教育の歩み	早大	難波 喜造	
	9	169		シンポジウム	■森鴎外「舞姫」をめぐって	早大	千葉 俊二	司会
					「舞姫」における〈鎮魂〉のモチーフ	早実	山田 俊治	
					「舞姫」における文語文体再生の意味	愛知淑徳短大	小倉 斉	
	12	170			フィリパ・ピアス「水門で」を読む	共立女子第二中高	渡辺 久仁子	
					メリメ「マテオ・ファルコネ」を読む	明星学園	堀内 雅人	
1992 平4	5	171			ことば・人間・歴史 －感動させる古文教材の発掘－	都立駒場高	山下 勇人	
					やつる・やつす考	跡見学園女子大	神野藤 昭夫	
	6	172	大会	講演	教育改革と国語教育	早大	櫻本 隆司	
					「十人十色を生かす文学教育」について	法政大講師	太田 正夫	
	9	173		教育実習成果報告	「若紫」	早大教育学部4年	斎藤 菜穂子	
					「植物のにおい」	早大教育学部4年	寺山 嘉幸	
					「山月記」	早大教育学部4年	山口 徹	
				講演	新課程の国語科教育と授業の改善	早大	大平 浩哉	
1993 平5	1	174		講演・最終講義	書簡と日記 －漱石・荷風・志賀・芥川－ －研究と教育の両立－	早大	紅野 敏郎	
	5	175			新しい学力観に立つ古典（中学校古文）の学習指導	狛江市教育委員会指導主事	宮崎 活志	
					人間論としての漢文指導	相模女子	矢作 武	
	6	176	大会	講演	「言語の教育」と「現代語」	聖徳栄養短期大	山崎 賢三	
				講演	「分析批評」と国語教育	横浜国立大	井関 義久	
	10	177			文字から音声表現へ －解釈の体現化のための指導計画－	都立町田高	長 りえ子	
					音声言語指導法の開発	お茶の水女子大附属中	田中 美也子	
1994	1	178			海外帰国生徒・外国人生徒に対する日本語及び国語の授業	都立国際高	飯田 幸男	

第4章 早稲田大学国語教育学会の活動と歴史 71

発表者の早大内本属			勤務校種						発表内容の分野						備考
早大	附属系属	院生学部生	大	高	中	小	公	他	国語教育	国語学	現代文	古文古典	漢字漢文	表現	
					中				教						
	附			高					教						
			大												
(早大)			(大)	高					教					表	
									教					表	
				高					教			古			
				高					教						1988.6『早稲田大学国語教育研究第8集』発行
								他	教					表	1988.7『国語教育史と実践に学ぶ会』第1回研究会
早大			大						教			古			
				高							現				
					中				教		現				1989 学習指導要領改訂
							公		教			古			1989.6『早稲田大学国語教育研究第9集』発行
早大			大						教						
							公		教						
				高					教						
					中				教						
(早大)			(大)						教	語					
				高					教		現				1990.4 大学院教育学研究科開設
								他	教						1990.6『早稲田大学国語教育研究第10集』発行
				高					教		現				
早大			大						教		現				
	系			高					教		現				
			大						教		現				
				高					教		現				
早大			大						教		現				
	附			高					教			古			1991.6『早稲田大学国語教育研究第11集』発行
				高					教				漢		
早大			大						教			古			
			大						教		現				
早大			大						教						
早大			大												1991.9『古典教育研究会』第1回研究会
	系			高・中					教		現				
			大												
				高・中					教		現				
				高・中					教		現				
				高					教			古			
			大						教	語					
早大			大						教						1992.6『早稲田大学国語教育研究第12集』発行
			(大)						教		現				
		学										古			
		学							教		現				
		学									現				
早大									教						
早大									教		現				
							公		教			古			1993.6『早稲田大学国語教育研究第13集』発行
			大						教				漢		
			大						教	語					
			大						教		現				
				高					教					表	
					中				教					表	
				高					教						

年	月	回		テーマ	所属	発表者・講師	
平6				帰国生を通して考える国語教育における国際理解 —話し言葉から書き言葉への学習の試み—	東京学芸大附高大泉校舎	加藤 康子	
	5	179		朗読を柱とする現代詩の授業 —「統一テスト」条件下での指導の一例—	目白学園中・高	浅田 孝紀	
				教科書俳句について思うこと	早大	瓜生 鐵二	
	6	180	大会 講演	寺山修司の土着性	早大	小林 保治	
				寺山修司のこと	早大	佐佐木 幸綱	
	10	181		■芥川教材の再検討			
				「羅生門」再考	駒沢短期大	石割 透	
				中学校教材における芥川—「トロッコ」を中心に—	川越市立大東中	伊藤 博	
1995 平7	1	182	最終講義	国語教育と文学史	早大	難波 喜造	
	5	183	シンポジウム	■国語教育とは何か	早大	大平 浩哉	基調報告
					東京大	小森 陽一	シンポジスト
					都立工業高専	高野 光男	シンポジスト
					早大	岡村 遼司	シンポジスト
					都立北園高	横堀 利明	司会
	6	184	大会 第一部：研究授業	高一古典『伊勢物語』「筒井筒」	早実	小西 淳夫	
					早実	細田 貴子	
			第二部：研究協議		早大	市毛 勝雄	指定討論者
					早実	町田 守弘	
	11	185		関心を喚起する試み—「黒い雨」の実践授業—	大船工業技術高	星野 智也	
				「黒い雨」の自然と反自然		高木 克美	
1996 平8	1	186		『枕草子』「二月つごもりごろに」の段をどう扱うか	早実講師・早大大学院	松島 毅	
	4	187	特別講演	古典の授業—体験させる技術— （ビデオ「「万葉・古今・新古今」の授業」を使って）	早大	市毛 勝雄	
	6	188	大会 第一部：研究授業	高二古典『大鏡』「花山天皇の出家」	早実	久恒 二郎	
			第二部：研究協議		早大	津本 信博	指定討論者
	11	189		言語感覚を磨く古文の指導—「枕草子」「伊勢物語」を中心に—	東邦大付東邦中高	大塚 敏久	
				小白河八講の時空—読みの循環・歴史と文学の間—	フェリス女学院大	三田村 雅子	
1997 平9	1	190		宮沢賢治の作品における「学校」の諸相	早稲田中高	永井 正人	
			講演	ポルノグラフィーとは何か—賢治テクストの茂み—	早大	高橋 世織	
	4	191		明治・大正期の漢文教育廃止論	早大大学院	石毛 慎一	
				論理的思考力を育成する授業の改善	早大大学院	池田 尚子	
			講演	国語科教育改革への提言	早大	大平 浩哉	
	9	192	大会	短歌・俳句の教育実践	錦城高	沢 豊彦	
			講演	いのちと文学	都留文科大学	田中 実	
	11	193		大正期の綴り方教授における題作と自作	上越教育大	渡辺 洋一郎	
				国語教育における一つの虚妄 —「生徒たちは本当に作文ぎらいか」ということ，ならびに「自照作文」のこと—	松戸自主夜間中講師	佐野 斉孝	
1998 平10	1	194	最終講義	国語教育改革の課題	早大	大平 浩哉	
	4	195		漢文音読再考論—言語・文化への興味を求めて—	帝京高	中村 佳文	
				『故郷』（魯迅）という教材		堀 誠	
	6	196	大会	教室の中の『平家物語』	早大	大津 雄一	
			特別講演	自立・共生の能力とことばの教育	早大	田近 洵一	
	10	197		「オツベルと象」を読む—先生は〈オツベル〉ですか—	桐蔭学園中高	細川 光洋	
				「注文の多い料理店」の背景	武蔵野美大	佐久間 保明	
	12	198	最終講義	「対話」ということ	早大	櫻本 隆司	
1999 平11	4	199		情報教育と漢字をめぐる問題	早大大学院	濱田 寛	
				ディスカッションの基礎指導—「鷽逹レ鳩」（「説苑」）を教材として—	県立白岡高	熊谷 芳郎	
	6	200	大会 講演	「国語」って何	作家・早大客員教授	三田 誠広	
	10	201		「小説」を読むことの可能性と不可能性	早大本庄高等学院	曽原 祥隆	
				芥川龍之介「舞踏会」の表現	学習院女子中・高	石出 靖雄	
	12	202	最終講義	古典教材としての「万葉集」	早大	戸谷 高明	
2000 平12	4	203		教材としての源氏物語—六条御息所と浮舟の比較を通して—	早大大学院	早乙女 利光	
				太宰治「魚服記」をめぐって	早大大学院	菊地 薫	
	6	204	大会 講演	漢詩を読んで思うこと—教材理解のために—	鶴見大	田口 暢穂	

第4章 早稲田大学国語教育学会の活動と歴史

早大	附属系属	院生学部生	大	高	中	小	公	他	国語教育	国語学	現代文	古文古典	漢字漢文	表現	備考
				高					教						
				高・中					教		現				
	系			高・中					教		現				
早大			大								現				
早大			大								現				
															1994.11『早稲田大学国語教育研究第14集』発行
			大						教		現				
					中										
早大			大						教						
早大			大												1995.4 大学院博士後期課程開設
			大						教						1995.6『早稲田大学国語教育研究第15集』発行
				高											
早大			大												
				高											
	系			高・中											
	系			高・中					教			古			
早大			大												
	系			高・中											
				高					教		現				
早大			大								現				
	(系)	院		(高・中)					教			古			
早大			大						教			古				1996.3『早稲田大学国語教育研究第16集』発行
	系			高・中					教						
早大			大												
				高・中					教			古			
			大									古			
	系	院		高・中							現				
早大			大								現				
		院							教				漢		1997.3『早稲田大学国語教育研究第17集』発行
		院							教		現				
早大			大						教						
				高					教						
			大								現				
			大						教						
					(中)				教					表	
早大			大						教						1998.3『早稲田大学国語教育研究第18集』発行
		院		高					教				漢		1998〜1999 学習指導要領改訂
早大			大						教		現		漢		
早大			大						教			古			
早大			大						教						
				高・中					教		現				1998.3 教育総合研究室が教育総合研究所に
			大						教		現				
早大			大						教						
		院							教				漢		1999.3『早稲田大学国語教育研究第19集』発行
				高					教					表	
								他	教						
	附			高							現				
		院		高・中							現				
早大			大									古			
		院							教			古			2000.3『早稲田大学国語教育研究第20集』発行
		院									現				
			大						教				漢		

年	月	回			テーマ	所属	発表者・講師	
			講演		身近にある漢文教材―碑文解読の手引き―	早大名誉教授	村山　吉廣	
	10	205			国語科における総合学習	早大大学院	浅見　優子	
					移行期の「総合的な学習」―公立中学における現状と課題―	川越第一中	伊藤　博	
2001 平13	1	206			■教材提案のかたち―新世紀のはじめに―	早大	金井　景子	
						朗読家	内木　明子	
						早大大学院	樋口　恵	
						早大大学院	前田　健太郎	
	4	207			『おくのほそ道』の本文研究―古典教育の視座から―	早大非常勤講師	藤原　マリ子	
					子どものコミュニケーション意識―「話す」ことの言語生活―	吉祥女子中高・早大大学院	黒川　孝広	
	6	208	大会	【第一部】	[実演] 瀬戸内寂聴「髪」			
				【第二部】	[パネルディスカッション]「古典と現代の接点」	俳優	幸田　弘子	講師
						文京女子大学中高	和智　潔	パネリスト
						早大大学院	加藤　明子	パネリスト
						早大大学院	早乙女　利光	パネリスト
	10	209			明治以降における助動詞マイの使用をめぐって	早大大学院	中田　幸子	
					教材研究　古代の神話伝説	早大	松本　直樹	
	12	210	最終講義		これまでの国語教育、これからの国語教育	早大	市毛　勝雄	
2002 平14	4	211			■中・高等教育における古典芸能教材の可能性 ―狂言DVD「野村万作・狂言でござる」「野村萬斎・狂言ワークショップ」を中心に―			
					古典芸能を教材とすることの意味	早大	竹本　幹夫	
					高等学校国語科における狂言の教材化について	長野県大町北高	山崎　修史	
					狂言の可能性	狂言師	野村　萬斎	
	6	212	大会		「国語科教育法」の実践的課題―効果的な教師教育を求めて	早大	町田　守弘	
			講演		ことばにふれること　ことばでふれること	演出家	竹内　敏晴	
	10	213			谷崎潤一郎「文章読本」論――声とエクリチュール―	早大大学院	徐　昌源	
			特別講演		日本における古典カノン形成とカリキュラムの歴史的変遷	コロンビア大	ハルオ・シラネ	
2003 平15	1	214	最終講義		戦後日本の文学教育　四十八年前の実践報告	早大	田近　洵一	
			最終講義		「文学史」講義の一齣　―「或る女」と"自然"	早大	杉野　要吉	
	4	215			利き手の書字活動と脳の可塑性の関連について ―書字における平面から立体への空間認知の移行という視点から―	東京書芸協会	川原　世雲	
					国定国語教科書にみられる人間関係　―第一期から第六期まで―	早大大学院	渡辺　通子	
	6	216	大会	シンポジウム	■新しい学習指導要領における評価のあり方	早大	安彦　忠彦	パネリスト
						埼玉県立白岡高	熊谷　芳郎	パネリスト
						新宿区立牛込第二中	長谷川祥子	パネリスト
	10	217			かぐや姫と帝の関係から読み解く「竹取物語」 ―高校国語教科書における「竹取物語」原文採録箇所についての提案―	早大大学院	有馬　義貴	
			特別講演		国語科の学力と評価	早大	浜本　純逸	
2004 平16	1	218			敬意表現をどう考えればよいか ―高校生・大学生に対するアンケート調査をもとに―	早大大学院	大野　敬代	
					国語科における教員養成・教師教育―日米の比較から―	早大大学院	榎本　隆之	
	4	219			新教育課程における漢文教育―総合学科としての試み―	静岡県立富岳館高	林　教子	
					漱石と読者の位置	早大	石原　千秋	
	6	220	大会	講演	おとなの言葉　子どもの言葉	作家	重松　清	
	10	221			イラク自衛隊派遣について考える―高等学校国語科のメディアリテラシーの教育―	早大大学院	近藤　聡	
					日記文学を教室で学ぶために	早大	福家　俊幸	
2005 平17	1	222			初等教育における論理的思考力の育成	早大大学院	深谷　幸恵	
					教材としての枕草子「清涼殿の丑寅の隅」―少人数クラスでの授業を通して―	都立国分寺高	勇　晴美	
	4	223			伊勢物語二十三段考―「けこの器物に盛りける」という行為について―	学習院女子中・高等科	早乙女　利光	
					漢文なんか要らないという生徒のために―「漢文」と「国際理解」教育のあいだ―	神奈川県立荒磯高	大川　育子	
	6	224	大会	シンポジウム	■文学と国語教育―今ふたたび鷗外・漱石の教材的価値を問う―	聖学院大	熊谷　芳郎	司会・コーディネーター
						拓殖大	佐野　正俊	
						渋谷教育学園渋谷中高	大貫　眞弘	パネリスト
						都立工業高専	高野　光男	パネリスト
						群馬県立沼田女子高	野村　耕一郎	パネリスト
						早大	細川　英雄	パネリスト

第4章　早稲田大学国語教育学会の活動と歴史　75

発表者の早大内本属			勤務校種						発表内容の分野						備考
早大	附属系属	院生学部生	大	高	中	小	公	他	国語教育	国語学	現代文	古文古典	漢字漢文	表現	備考
早大			大						教				漢		
		院				小			教						
					中				教						
早大			大												
								他	教						
		院													
		院													
(早大)		院	(大)						教			古			2001.3『早稲田大学国語教育研究第21集』発行
		院		高・中					教					表	
								他							
				高・中								古			
		院													
		院													
		院								語					
早大			大						教						
早大			大						教						
															2002.3『早稲田大学国語教育研究第22集』発行
早大			大												
				高					教			古			
								他							
早大			大						教						
								他						表	
		院									現				
			大												
早大			大						教						
早大			大								現				
								他						表	2003.3『早稲田大学国語教育研究第23集』発行
		院		高					教						
早大			大						教						
		院		高											
		院			中										
		院							教			古			2003.12 学習指導要領一部改訂
早大			大						教						2003.12『朗読の理論と実践の会』第1回研究会
		院												表	
	附			高					教						
				高					教				漢		2004.3『早稲田大学国語教育研究第24集』発行
早大			大								現				
								他						表	
		院		高					教					表	
早大			大						教			古			
		院				小			教					表	
		院		高					教			古			
		院		高・中								古			2005.3『早稲田大学国語教育研究第25集』発行
				高					教				漢		
		院	大												
		院	大												
		院		高・中											
				高					教		現				
				高											
早大			大												

年	月	回			テーマ	所属	発表者・講師	
	10	225			読書推進運動「書評座談会」の歴史を学ぶ	杉並区立天沼中	笹川 三恵子	
			講演		「枕草子」第二百八十四段「雪のいと高う降りたるを」を読む	元・聖学院中	岡田 潔	
2006 平18	1	226			古田拡の国語教育理念について―授業記録，授業批評の分析を中心に―	早実講師・早大大学院	前田 健太郎	
					老後小説「ぢいさんばあさん」論―「舞姫」の可能性未来	青山学院女子短大講師	山口 徹	
	4	227			「源氏物語」教材論―「萩の上露」巻和歌にこめられた想いを読む―	埼玉県立上尾南高	塩田 妙子	
					「おくのほそ道」旅立考	早大	宮脇 真彦	
	6	228	大会	講演	私の古典教育法	作家・書誌学者	林 望	
	10	229			論理的文章における新しい構成指導―論証の構造を基本として―	栃木県教育委員会指導主事	光野 公司郎	
					「要約」指導における問題点と改善案	早大	佐渡島 紗織	
	12	230	ことばの力 GP		■俳句・川柳で育てる「ことばの力」			
					読まれる喜び	俳人・早大大学院	高柳 克弘	
					川柳生き生き　授業いきいき	千葉県立東葛飾高	江畑 哲男	
					句会という授業	俳人・佛教大	坪内 稔典	
2007 平19	4	231	ことばの力 GP		漢文教育の内と外			
					漢文はなぜ国語なのだろう？	早大	内山 精也	
					中国における漢文教育―上海市内高校の視察をふまえて―	早大大学院	丁 秋娜	
					「断腸」という語―菅原道真「九月十日」詩の解釈をめぐって―	早大	堀 誠	
	6	232	大会	ことばの力 GP	■「読み」の授業を考える　―言語技術教育，一読総合法，単元学習	学院大	熊谷 芳郎	司会
					言語技術教育の立場から	練馬区立開進第一中	井上 敬夫	パネリスト
					一読総合法の立場から	板橋区立上板橋第二中	福田 実枝子	パネリスト
					国語科総合単元学習の立場から	同志社大	遠藤 瑛子	パネリスト
	10	233			■第一回学生会員研究発表会			
					国語教育における学習者の実態を探る―「中学生・高校生の言語活動と言語生活に関する意識調査」から―	修士課程2年	遠藤 史博	
					季語と季感―芭蕉連句を中心に―	修士課程2年	野村 亞住	
					次世代に伝える―司馬史観・大佛史観と読者達―	博士後期課程1年	續谷 真紀	
					「女給」論―広津和郎における女性表象の問題―	博士後期課程1年	中沢 知史	
					教材研究「敦盛最期」	博士後期課程2年	菊野 雅之	
					文学史教材としての「源氏物語」「絵合」巻	博士後期課程3年	有馬 義貴	
	12	234	ことばの力 GP		■世界の国語教育―アメリカ，フィンランド，中国，韓国，そして日本			
			第一部　基調報告		フィンランド	早大	金井 景子	
					アメリカ	早大学院	榎本 隆之	
					韓国	早大	浜本 純逸	
					韓国	早大学院	榎本 隆之	
					中国	早大	町田 守弘	
			第二部　シンポジウム			早大	浜本 純逸	司会
2008 平20	4	235			戦後新教育における国語学力の構造―石橋勝治実践と香川坂出プランの検討―	常葉学園大	坂口 京子	
					ことばの移り変わり―変わるものと変わらぬもの―	早大	小林 賢次	
	6	236	大会		豊かな語彙力を目指す授業創り―二文字熟語の語構成をめぐって―	早大大学院	李 軍	
				講演	日本の漢詩	全国漢文教育学会会長	石川 忠久	
	11	237			■第二回学生会員研究発表会			
					永井荷風・「雨瀟瀟」の呼び寄せるもの―芥川・谷崎の〈小説の筋〉論争をめぐって―	修士課程3年	岸川 俊太郎	
					談話における格助詞「に」の省略について	博士後期課程2年	苅宿 紀子	
					中学校国語科における読解指導を活かした読書指導の授業構想	修士課程2年	堀 佑史	
					「悲しみ」の歌い方―詩の授業で中也を読む―	博士後期課程1年	伊藤 優子	
					「西鶴諸国はなし」巻之五・「夢路の風車」における物語空間についての分析	博士後期課程3年	水上 雄亮	
	12	238			国語科で「ジョーク」を扱う　―柔軟な発想を養うために―	立命館中・高	内田 剛	
					文学教育のアクチュアリティー―村上春樹「アイロンのある風景」を読む―	都立産業技術高専	髙野 光男	
2009 平21	4	239			高度経済成長下の古典教育―「古典」科目の独立と益田勝実古典教育論―	東洋大	幸田 国広	
					阿仏尼再考	早大	田渕 句美子	

第4章 早稲田大学国語教育学会の活動と歴史

発表者の早大内本属			勤務校種						発表内容の分野						備考
早大	附属系属	院生学部生	大	高	中	小	公	他	国語教育	国語学	現代文	古文古典	漢字漢文	表現	備考
		院			中				教						2005.10『愛知県支部』第1回研究会
			(大)						教			古			
	(系)	院		(高・中)					教						
			(大)								現				
				高					教			古			2006.3『早稲田大学国語教育研究第26集』発行
早大			大									古			
								他	教			古			
		院					公		教					表	2006.11～2008.3『ことばの力 GP』採択
早大			大						教					表	
		院													
				高					教					表	
			大												2007.3『早稲田大学国語教育研究第27集』発行
早大			大						教				漢		
		院													
早大			大												
		院	大												
		院			中				教						
					中										
			大												
		院							教						
		院										古			
		院									現				
		院									現				
		院							教			古			
		院							教			古			
早大			大												
	附			高											
早大			大						教						
	附			高											
早大			大												
早大			大												
			大						教						2008.3『早稲田大学国語教育研究第28集』発行
早大			大							語					2008.4 大学院教職研究科開設
		院											漢		2008.4 教育学部教育学科初等教育学専攻開設
			(大)										漢		2008～2009 学習指導要領改訂
		院									現				
		院								語					
		院							教						
		院							教		現				
		院										古			
		院		高・中					教					表	
				高					教		現				
			大						教			古			2009.3『早稲田大学国語教育研究第29集』発行
早大			大									古			

年	月	回			テーマ	所属	発表者・講師	
	6	240	大会	シンポジウム	■伝統文化の教育とは何か―新『学習指導要領』をめぐるシンポジウム	聖学院大	熊谷 芳郎	司会
						文部科学省教科調査官	冨山 哲也	パネリスト
						春日部市立武里南小	深谷 幸恵	パネリスト
						千代田区立麹町中	酒井 雅子	パネリスト
						都留文科大	牛山 恵	パネリスト
	10	241		■第三回学生会員研究発表会				
					女たちのネットワーク―『明暗』論―	修士課程1年	伊藤 かおり	
					『源氏物語』六条御息所の視覚表現化における「型」としての蜘蛛の巣文様	修士課程2年	水谷 陽子	
					院政期の音と声―平家物語の世界から―	修士課程2年	鴨宮 美潮	
					太宰治「右大臣実朝」論	修士課程2年	矢部 富仁子	
					『宗祇諸国物語』に見られる撰集抄の影響―詩歌利用を中心に―	修士課程2年	小野寺 伸一郎	
					高等学校国語科における地域教材を活用した授業構想	修士課程2年	齋藤 法明	
					ジェンダーを越境する女―『好色一代女』論	修士課程2年	大石 あずさ	
					「自己療養」から他者のための物語へ―村上春樹『国境の南, 太陽の西』論	博士後期課程1年	川崎 恭平	
2010 平22	1	242			写生文の水脈―子規, 鼠骨, そして西瀧―	早大学院	佐々木 基成	
					マルチリテラシーズに見る母語教育改革への可能性	日本体育大学女子短期大学部	奥泉 香	
	4	243			教科書史の空白 ―リテラシー史の視点から―	早大	和田 敦彦	
					文学教材の扱い方についての一考察―宮沢賢治「オツベルと象」を例として―	拓殖大	佐野 正俊	
	6	244	大会	シンポジウム	■新学習指導要領を見据えた「言語活動」	早大本庄高等学院	吉田 茂	司会・コーディネーター
						横浜国立大	高木 まさき	パネリスト
						開成高	葛西 太郎	パネリスト
						学習院中等科	岩﨑 淳	パネリスト
	11	245		■第四回学生会員研究発表会				
					『更級日記』孝標女の結婚と父子関係	修士課程2年	富澤 祥子	
					鬼貫の作風に見る「誠」	修士課程2年	村上 真理子	
					『大東世語』における徳	博士後期課程1年	石本 波留子	
					談話におけるガ格無助詞文に関する考察	博士後期課程2年	苅宿 紀子	
					初期「新潮合評会」と発話の記録 ―佐藤春夫と広津和郎を中心に―	博士後期課程5年	酒井 浩介	
					メタフィクションを生成する語り―『彼岸過迄』論	博士後期課程2年	土屋 慶文	
					授業分析が拓く「読み」の可能性―交流型授業における形成過程を探る	博士後期課程2年	三輪 彩子	
				講演	言語生活と言語文化	早大	桑原 隆	
2011 平23	1	246			「舞姫」への挑戦 ―生徒の実態に合わせて―	都立練馬高	中里 有希	
					「風信帖」の意義と教育における可能性	早大非常勤講師	綾部 宏行	
	4	247		中止				
	6	248	大会	シンポジウム	■高度情報化時代の国語教育―新聞は有効な教材になり得るか	早大	町田 守弘	司会・コーディネーター
						朝日新聞編集委員	氏岡 真弓	シンポジスト
						都立両国高	近藤 聡	シンポジスト
						神奈川県立愛川高	星野 智也	シンポジスト
	12	249		■第五回学生会員研究発表会				
					『古事記』における反乱伝承―木梨之軽太子を中心に―	修士課程2年	長澤 祥子	
					『簠物語』の成立年代について	修士課程2年	柴田 郁	
					仏教説話における動物捨身譚の形成	修士課程1年	及川 麗菜	
					『宝蔵』における俳意識	修士課程2年	小山 樹	
					貨幣の翻案物語「十銭銀貨の来歴談」―坪内雄蔵『国語読本』―	修士課程2年	間嶋 剛	
					「私」を語る資格―夏目漱石『彼岸過迄』論―	修士課程2年	吉田 詩織	
					三島由紀夫のサド観をさぐる―式場隆三郎との関わりを中心に―	博士後期課程3年	冉 小嬌	
					江戸の浮世草子―石川流宣を中心として―	修士課程1年	大友 雄輔	
					宮沢賢治「雨ニモマケズ」の授業実践―合唱曲を用いて―	修士課程2年	菊池 春菜	
					日中古典文学における「牛」像	博士後期課程2年	趙 倩倩	
					江戸後期から明治20年代における「見る」の意味を表す尊敬表現―「ご覧なさる」「ごろうじる」「お見なさる」を中心に―	博士後期課程2年	山田 里奈	
				講演	文法形式の用法把握―「けり」のことなど	早大	仁科 明	

発表者の早大内本属			勤務校種						発表内容の分野						備考
早大	附属系属	院生学部生	大	高	中	小	公	他	国語教育	国語学	現代文	古文古典	漢字漢文	表現	備考
		院	大												
							公		教						
		院				小			教						
		院			中				教						
			大												
		院									現				
		院										古			
		院										古			
		院									現				
		院										古			
		院							教						
		院										古			
		院									現				
	附			高・中							現				
			大						教						
早大			大						教						2010.3『早稲田大学国語教育研究第30集』発行
			大						教		現				
	附			高					教						
			大												
				高											
					中										
		院										古			
		院										古			
		院											漢		
		院								語					
		院									現				
		院									現				
		院							教						
早大			大						教						
				高					教		現				
(早大)			(大)						教			古			2011.3『早稲田大学国語教育研究第31集』発行
															東日本大震災の影響のため中止
早大			大												
								他	教						
		院		高											
				高											
		院										古			
		院										古			
		院										古			
		院										古			
		院									現				
		院									現				
		院									現				
		院										古			
		院							教		現				
		院										古	漢		
		院								語					
早大			大							語					

年	月	回			テーマ	所属	発表者・講師	
2012 平24	1	250	250回記念例会		■研究会・支部の現状と課題			
					「読み」をささえるリアリティ―「羅生門」「山月記」の実践を通して―	都立戸山高	横堀 利明	
					生徒の興味・関心を誘う古典の授業を ICTコンテンツも使ってみたら？―古典教育研究会の最近の報告の中から	都立上水高	勇 晴美	
					〈教室〉における声の自覚―実践としての理解・表現・コミュニケーション―	早大非常勤講師	中村 佳文	
					早大国語教育学会愛知県支部の歩みと展望	愛知県立刈谷北高	郡築 春彦	
	4	251			国語教育の復旧、文学教育の復興―震災を契機として―	いわき明星大	能地 克宜	
					国語教育が柳田國男から学ぶこと	東北学院大	渡辺 通子	
	6	252	大会	シンポジウム	■新教科書・新教材―小・中学校国語科の場合	明星学園中高	堀内 雅人	司会
						文部科学省教科書調査官	小原 俊	提案者
						早実初等部	岸 圭介	提案者
						お茶の水女子大附属中	宗我部 義則	提案者
	10	253	■第六回学生会員研究発表会					
					『古事記』「穀物起源神話」におけるスサノヲ像	修士課程2年	鈴木 琢麻	
					『讃岐典侍日記』堀河天皇の崩御をめぐって	修士課程2年	青山 紗祐美	
					歌人源通具―始発期の詠歌について	修士課程2年	米田 有里	
					中等教育課程における説話文学教材の位置づけ	修士課程2年	八木澤 瑠菜	
					『野槇友三昧線』にみる բ水の創作技法―巻二の「高野六十那智八十」を中心に―	修士課程2年	近藤 仁美	
					水クサイの歴史―水ッポイとの共存過程にみる意味の分担―	博士後期課程2年	池上 尚	
					『古鏡記』における鏡と月のイメージについて	修士課程2年	仲川 泰博	
					「明治期の小説作法に見る「小説」像」	修士課程1年	森田 三咲	
					梶井基次郎と北川冬彦「闇の絵巻」に至るまで	修士課程2年	糸川 歩	
					岸田國士におけるファルス―「女人渇仰」論	修士課程2年	服部 司	
					夏丏尊訳芥川龍之介『支那游記』について―中国における影響を中心に―	博士後期課程1年	顔 淑娜	
					高等学校教科書における詩単元の系統性―「一つのメルヘン」「サーカス」を手掛かりに―	修士課程2年	永瀬 恵子	
2013 平25	1	254			トレンドから定番へ―「羅生門」教材史研究の空隙―	東洋大	幸田 国広	
				講演	「羅生門」の現在	都留文科大名誉教授	関口 安義	
	4	255			物語教材の扱いをめぐって	早大本庄高等学院	吉田 茂	
				講演	古文定番教材雑感	早大名誉教授	中野 幸一	
	6	256	大会	学会設立50周年記念大会	■国語教育のこれまでとこれから ―学会設立50周年からの展望―	早大	町田 守弘	司会・コーディネーター
						早大名誉教授	東郷 克美	シンポジスト
						東京学芸大名誉教授	田近 洵一	シンポジスト
						学習院大	岩﨑 淳	シンポジスト
				講演	一語一会	早大名誉教授	榎本 隆司	
	10	257	■第七回学生会員研究発表会					
					『古事記』天孫降臨神話の表現と構想	修士課程2年	折原 佑実	
					『蜻蛉日記』における道綱母の〈中心〉への欲求とその表現方法	修士課程2年	小松 三希子	
					『平家花揃』諸本の形態と享受について	修士課程2年	藤田 加世子	
					複数贈答歌について―慈円・良経・定家の贈答歌を中心に―	修士課程2年	栗田 雅子	
					森川許六の「取合せ論」について	修士課程2年	小澤 恵結	
					江戸後期から明治20年代までにおける尊敬表現形式「お（ご）〜だ」について	博士後期課程4年	山田 里奈	
					大江匡衡「九月尽日侍北野ண各分一字」に見える菅原道真像	博士後期課程2年	呂 天雯	
					ライトノベルにおける可塑性―東浩紀とカトリーヌ・マラブー―	修士課程2年	國部 友弘	
					辺境（マージナル）から越境（クロス・ボーダー）へ―鷺沢萠の語り―	修士課程2年	康 潤伊	
					小栗風葉と徳田秋声―「世間師」と「新世帯」―	修士課程2年	滝澤 真帆	
					宮本武蔵作品の書き手と作風の変化―速記講談から新講談へ―	修士課程2年	大熊 達也	
					古典教育における音声言語指導の評価方法―中学生を対象とした「枕草子」「平家物語」の実践を通して―	修士課程2年	杉澤 真梨子	
2014 平26	1	258			アーティストとの協働で作る言語文化創造の授業―古典和歌を素材とする新たな歌物語の創作・上演を中心に―	東京学芸大附属高	浅田 孝紀	
				講演	日本語についての独善や誤解―教育・研究以前の問題―		岩淵 匡	

第4章 早稲田大学国語教育学会の活動と歴史

発表者の早大内本属			勤務校種						発表内容の分野						備考
早大	附属系属	院生学部生	大	高	中	小	公	他	国語教育	国語学	現代文	古文古典	漢字漢文	表現	
				高					教		現				
				高					教			古			
(早大)			(大)						教					表	
				高					教						
			大						教		現				2012.3『早稲田大学国語教育研究第32集』発行
			大						教		現				
				高・中					教						
	系						公		教						
						小									
					中										
		院										古			
		院										古			
		院										古			
		院							教			古			
		院										古			
		院								語					
		院										古			
		院									現				
		院									現				
		院											漢		
		院							教		現				
			大						教		現				
			大						教		現				
	附			高					教			古			2013.3『早稲田大学国語教育研究第33集』発行
早大			大						教			古			
早大			大												
早大			大						教						
			大												
			大												
早大			大						教						
		院										古			
		院										古			
		院										古			
		院										古			
		院										古			
		院								語					
		院											漢		
		院									現				
		院									現				
		院										古			
		院							教			古			
				高					教			古		表	
早大			大						教	語					

「早稲田大学国語教育学会会報」『早稲田大学

1968.2 早稲田大学国語教育学会会報 第1号

時枝先生と早大国語教育学会	川副 国基
学問と教育実践との接点 ―時枝誠記先生の一つの思いで―	白石 大二
古典の現代語訳 ―三重吉「古事記物語」をめぐって―	山崎 正之
評価の方法になやむ	中村 徳治
ひとりごと	久米 芳夫

1968.6 早稲田大学国語教育学会会報 第2号

時枝先生の思い出	柿木 昌平
我観つれづれ草	佐々木 八郎
「徒然草」演習ノート	内田 守紀
「十月の頃……」―観賞と疑義―	金子 隆俊

1968.9 早稲田大学国語教育学会会報 第3号

教材探策行	紅野 敏郎
国語教育と国語研究	小路 一光
雑感	堀江 晋
ローカル通信 岩手の人々	茂木 照夫

1969.2 早稲田大学国語教育学会会報 第4号

人間の復活 ―国語教育の歪曲に抗して―	杉野 要吉
先生のカード	三浦 和雄
ローカル通信 純粋ということ	山口 毅

1969.4 早稲田大学国語教育学会会報 第5号

「山月記」拾遺	中村 完
「目に青葉山ほととぎす初鰹」考	安藤 常次郎
教師七年目の繰りごと	米田 千鶴子

1969.6 早稲田大学国語教育学会会報 第6号

評論文のこと	山本 昌一
近世文学における貨幣価値の問題	興津 要
特集・万葉集 教科書の万葉集	戸谷 高明
特集・万葉集 万葉集の学習を終えて ―高校生の好きな歌のことなど―	広多 建次
特集・万葉集 万葉教材の指導について ―現場よりの一つの提案―	内藤 磐
国文科学生の持っている古語辞典類を調べてみて	岩淵 匡

1969.12 早稲田大学国語教育学会会報 第7号

竹取翁歌と竹取物語	奥津 春雄
古代の旅 ―その一商―	朝倉 郁子
側置ということ	今井 卓爾
現場通信 放課後	佐橋 陽二

1970.11 早稲田大学国語教育学会会報 第9号

国語教材としての柳田国男 ―「峠に関する二三の考察」を中心として―	石田 洵
小説教材「蒲沼行き」をめぐって	内田 守紀
悠然見南山について	大矢根 文次郎
教材研究 伊勢物語 ―業平像をめぐって―	石原 昭平

1971.6 早稲田大学国語教育学会会報 第10号

教材研究 「山月記」について	山本 昌一
文語文法についての雑感	桜井 光昭
漢詩学習の一つの試み ―川村高校にて―	小林 保治

1972.1 早稲田大学国語教育学会会報 第11号

例会傍聴記	岡本 卓治
詩の授業について	竹田 日出男
詩から〈詩〉へ	中島 国彦
近代詩における詩 ―ひとつの試み―	大屋 幸世
詩を教えることについての報告を聞いて	石崎 等
現代語の中に生きる武士言葉	梶原 正昭
再読文字について	鈴木 義昭

1973.12 早稲田大学国語教育学会会報 第12号

藤村と木曾谷の若人	細川 修
読者によって変幻自在な徒然草	白石 大二
口頭発表要旨 古典入門としての竹取物語	奥津 春雄
口頭発表要旨 「つつみづつ」の作意と読者	上野 理
口頭発表要旨 古事記を教えること	黒川 光
口頭発表要旨 平家物語の扱い方	北爪 幸夫
口頭発表要旨 漢文入門期における一、二の問題	鈴木 義昭
口頭発表要旨 説話文学の教材をめぐって	小峯 和明
口頭発表要旨 明治の国語読本の系譜	長谷川 敏正

1975.6 早稲田大学国語教育学会会報 第13号

口頭発表要旨 日記文学の教材をどう扱うか ―更科日記を中心に―	津本 信博
口頭発表要旨 小説教材『こころ』について	平松 直子
口頭発表要旨 思想単元「老子」の取扱いかた	柳瀬 喜代志
口頭発表要旨 漢文否定語の研究	滝沢 俊亮
口頭発表要旨 坪内逍遥『国語讀本』について	岩佐 壮四郎
教材としての川柳	細川 修

1976.5 早稲田大学国語教育学会会報 第14号

口頭発表要旨 「読み」に対するさまざまな考え方と方法 ―「現代国語」学習指導上の問題点―	堀内 武雄
口頭発表要旨 現代俳句の鑑賞方法について	瓜生 鉄二
口頭発表要旨 芥川龍之介のこと	石割 透
口頭発表要旨 『万葉集』その教材と授業についての所感	内藤 磐
口頭発表要旨 『古事記』倭建命の扱い方 ―『日本書紀』との関連において―	後藤 良雄
口頭発表要旨 わたしの教科書診断 ―国語科の巻―	安藤 洋子
口頭発表要旨 国語教育と日本語教育	坪井 佐奈枝

1978.6 早稲田大学国語教育学会会報 第15・16合併号

口頭発表要旨 必修クラブ「文芸研究」を担当して ―自伝(的)小説を読む―	西沢 正彦
口頭発表要旨 俳句の授業における問題点	福田 光家
口頭発表要旨 教材としての『沈黙』	風間 益人
新課程について	久米 芳夫
口頭発表要旨 中学生の作文教育	川平 均
口頭発表要旨 虚構をどう教えるか	岡本 卓治
口頭発表要旨 文学教育を後退させるな	関口 安義
口頭発表要旨 読解と鑑賞をつなぐもの	山崎 賢三
口頭発表要旨 中学校における私の国語指導法	仲田 喜三郎
口頭発表要旨 KJ法について	町田 守弘

第4章　早稲田大学国語教育学会の活動と歴史

『国語教育研究』各号所収論考のタイトル・著者一覧

1979.3　早稲田大学国語教育学会会報 第17号
〈特集〉川副國基先生古稀記念

口頭発表要旨　多様化時代の教育課程	山崎 賢三
口頭発表要旨　国語学習指導方法の改善 ―視聴覚教材の活用をめぐって―	菊野 和夫
日本自然主義文学の本質（講演）	川副 國基
川副先生のこと	柿木 昌平
ありがとうございました川副國基先生	中村 献作
日本近代文学と国語教育 ―文学教育をめぐる随想―	関口 安義
川副國基先生略歴・業績	

1981.3　早稲田大学国語教育研究 第1集

古典の読み方について ―『平家物語』・「敦盛」の段を中心に―	梶原 正昭
芭蕉とその周辺 ―俳文学研究の現況から―	堀切 実
変革期の漢文教育	寺井 政男
一読後の感想等の扱いをめぐって ―芥川龍之介「ピアノ」の場合―	永田 正博
懐かしの旧制中学の先生方	白石 大二
会員便り	鈴木 義昭／今村 俊介／大川 英明／宮越 政則
文献紹介　関口安義著『文学教育の課題と創造』	町田 守弘
文献紹介　榎本隆司編著『新国語科教育法』	町田 守弘

1982.11　早稲田大学国語教育研究 第2集

古典教育私見 ―学習意欲を持たせるために―	奥津 春雄
教材としての「山月記」研究	千石 隆志
言語表現の突破口をまず、―つかこうへいの教材化―	有元 秀文
文語の動詞活用をどう教えたか	岸 洋輔
早稲田の国語教育（その一）　時枝誠記	関口 安義

1983.6　早稲田大学国語教育研究 第3集

「言語人格」の確立をめざす国語教育の視点	深澤 忠孝
感想文を中心とした『破戒』の授業の試み	片山 享
高原教室・文化祭と国語授業	瓜生 鉄二
古典教育と「国語Ⅰ」―文語文法をめぐって―	荒井 亘
早稲田の国語教育（その二）　時枝誠記 ―『国語教育の方法』にみる時枝誠記の国語教育観―	生駒 昌之

1984.6　早稲田大学国語教育研究 第4集

国語教育のめざすもの ―小説教材の扱い方―	中村 献作
読書感想文の指導と実践 ―漱石の「こころ」を教材として―	池原 幸明
体系的な漢字指導の一試案 ―漢字教科書・案―	内藤 哲彦
古典の授業で何を教えるか ―生徒の実態に即して―	長野 和範
随想風に	山本 昌弘

1985.6　早稲田大学国語教育研究 第5集

高校生の性意識と『伊勢物語』	綠本 眞幸
楽しい古典の授業への試行錯誤	村井 朱夏
生きる力を育てる読みの指導 ―夏目漱石「坊ちゃん」の場合―	田崎 伸一
『羅生門』における二つの語 ―〈死人〉と〈死骸〉について―	古井 純士
現場からの報告	

1986.6　早稲田大学国語教育研究 第6集

中学校の国語指導の問題点 ―古典指導を中心に―	中尾 省吾
教材「舞姫」の読解指導 ―指導目標と指導課程―	矢部 彰
〈実践報告〉	
自己確立に資する「国語表現」の試み ―スピーチ「私の主張」を仕上げとして―	野村 敏夫
「山月記」をめぐって	深澤 邦弘
自作詩を教材に使って	奥村 剛
国語科が必要とする日本語ワードプロセッサー教材作り・問題作りに必要な機能―	春田 裕之
〈書評〉関口安義『国語教育と読者論』	町田 守弘
〈現場からの報告〉	藤井 小百合／若林 昭夫／瓜生 鐵二

1987.6　早稲田大学国語教育研究 第7集

視点を映す表現	中村 明
〈実践報告〉	
短歌授業の一つの試み ―「寺山修司・初期歌編」の教材化をめぐって―	芳澤 隆
高専の選択国語 ―戦争文学を読む―	三浦 勝也
日本語ワードプロセッサを使った表現指導 ―肢体不自由養護学校での実践から―	高野 光男
雨と雲 ―「貧交行」初句の前史―	阪田 新
〈現場からの報告〉	佐野 正俊／小野村 浩

1988.6　早稲田大学国語教育研究 第8集

教材としての「走れメロス」―隠蔽された物語あるいは心情主義批判―	須貝 千里
森鷗外・ふたつの業績	大石 汎
時枝誠記における「鑑賞」をめぐって	大塚 敏久
〈実践報告〉	
「古典」教材を現代に引き付けて読ませる一つの工夫 ―入門期の古典教育を使って―	奥村 剛士
古典に親しませるために ―〈徒然草第五十三段〉の授業実践報告―	中西 由紀夫
修学旅行と連動した国語の授業 ―文学教育と紀行―	野村 敏夫
「じゃ、バスでのって、きれいとゆうめいなゴルドコーストへ行くでしょう。いいりょう行をしてください」	飯野 龍夫
〈現場からの報告〉	重松 晴美／鈴木 優子
例会発表要旨	

1989.6　早稲田大学国語教育研究 第9集

視覚化による「宇治拾遺物語」―「芋粥」説話の梗概分析―	櫻井 光昭
〈実践報告〉	
「否」は何を否定しているか ―「舞姫」の読解から―	内田 守紀
Tangled Hair ―「みだれ髪」英訳を使った短歌の授業―	横嶋 利明
「のだ」の文のとらえ方	山口 佳也
時枝誠記の「たどり読み」について	大塚 敏久
〈現場からの報告〉	溢澤 幸緒子／名輪 宜／那須 広志／藤井 小百合
例会発表要旨	

1990.6　早稲田大学国語教育研究 第10集

『源氏物語』の書かれた時代と『源氏物語』に書かれた時代	難波 喜造
『無名抄』における新資料の発掘（一）	小林 保治
五十嵐力の国文教育論に関する考察 ―国語読本の編纂まで―	浅田 孝紀
高等学校「現代語」の新設と指導の在り方について	北川 茂治
〈実践報告〉	
未知の世界へ ―帰国子女クラスでの古典学習における導入の効果―	正岡 依子
高校に於けるゼミナールの授業	佐々木 啓之
〈教材研究〉考察――走れメロス	野田 佐知子
〈現場からの報告〉	犬塚 大藏／猪の原 総一
例会発表要旨	

1991.6 早稲田大学国語教育研究 第11集

教材としての更級日記 —作品の一部分を扱う場合—	山崎 賢三
なぜ国語教師は日本語が教えられないか	細川 英雄
「無名抄」における新教材の発掘（二）	小林 保治
教材研究・井出孫六「十石峠—秩父事件と地図（長野・群馬）」	深澤 邦弘
「二銭銅貨」を読む	中村 良衞
〈実践報告〉	
書写指導にあたって思うこと	松川 忠雄
生涯学習通信講座で自分史を担当して	大島 京子
言語技術教育について—一事実と意見を中心に—	岩﨑 淳
〈書評〉町田守弘著『授業を開く』を読んで —授業を想像する側の論理—	中村 献作
〈現場からの報告〉 山口 毅／茨城 健／山村 文人	
例会発表要旨	

1992.6 早稲田大学国語教育研究 第12集

国語学力の基盤としての言語思考力 —国語学力に対する一考察—	藤原 宏
閉ざされる子どもの〈読み〉を開く	鈴木 醇爾
「舞姫」における文語文体再生の背景	小倉 斉
「舞姫」における〈鎮魂〉という主題	山田 俊治
教材としての谷崎潤一郎 —「陰翳礼讃」と「文章読本」—	千葉 俊二
〈実践報告〉	
単元学習「ものとことば」 —帰国生徒と一般生との混合クラスにおける授業—	佐野 正俊
古文入門期の指導 —「平家物語」「橋合戦」を素材として—	大津 雄一
古典を身近なものに —学年通信での古典案内—	春田 裕之
「漢／高祖」（司馬遷『史記』）	新井 一夫
〈書評〉矢部彰著『鴎外講の教育の視座』—実践と研究と—	酒井 敏
〈現場からの報告〉 福岡 誠也／池田 光陽	
例会発表要旨	

1993.6 早稲田大学国語教育研究 第13集

新課程の国語科教育と授業改善	大平 浩哉
挑発する「羅生門」	関口 安義
芥川龍之介の小説「鼻」—〈噂〉〈笑い〉に焦点をあてて—	石割 透
〈実践報告〉	
「短歌指導の実践」	犬塚 大蔵
見出しづけの授業 —生徒主体の授業への試み—	堀内 雅人
〈現場からの報告〉 岡田 潔／橋本 結花	
〈会員便り〉	藤原 律子

1994.11 早稲田大学国語教育研究 第14集

〈講演〉書簡と日記 —漱石・芥川・志賀・荷風—研究と教育の両立	紅野 敏郎
明治期しことば教育の展開	高野 光男
『伊勢物語』補講本文 —所謂〈後人注記〉部分をどう読むか—	土佐 秀里
生徒の学習意欲を高める授業の工夫 —魯迅「故郷」から—	伊藤 博
〈現場からの報告〉鳥越 信／境 匡／茨城 健／野中 哲照／細川 英雄	
〈紹介〉磯本藤司編著『教科教育研究 国語』	岩﨑 淳
例会発表要旨	

1995.6 早稲田大学国語教育研究 第15集

〈講演〉転換期の女性像 —近世から近代へ—	興津 要
〈講演〉国語教育と文学史	難波 喜造
〈特集・寺山修司〉	
寺山修司のことば	佐佐木 幸綱
初期寺山作品の郷土性 —「青森県のせむし男」の場合—	小林 保治
〈論文〉	
朗読を柱とする現代詩の授業 —「統一テスト」条件下での指導の一例—	浅田 孝紀
論理的思考力を伸ばす指導の体系化 —海外子女のための寄宿学校の場合—	境 匡
〈現場からの報告〉 奥津 春雄／中嶋 正人／矢作 健輔	
〈書評〉矢部彰著『国語教室の窓』	千葉 俊二
例会発表要旨	

1996.3 早稲田大学国語教育研究 第16集

〈論文〉	
「枕草子」「二月のつごもりごろに」の教材化について	松島 毅
遠藤熊吉の国語教育理論に関する考察 —精神の近代化を目指した言語の教育—	小原 俊
戦争文学教材研究序説（その2） —中村格の実践を起点として—	大平 浩哉
〈実践報告〉	
研究授業 自然とのふれ合い —思考の過程を共有する—	細田 貴子
考えさせる古典の授業 —「伊勢物語」「筒井筒」をめぐって—	小西 淳夫
関心を喚起する試み —「黒い雨」いう実践授業—	星野 晋也
インタビューによる「現代詩」の実践報告	熊谷 芳郎
〈シンポジウム・国語教育とは何か〉	
国語教育とは何か	大平 浩哉
「国語」を教育するとは	岡村 遼司
「国語」を挑発する	小森 陽一
国語教育とは何であったのか	高野 光男
〈現場からの報告〉野村 敏夫／塩沢 寿一／北川 久美子／佐藤 和子／大川 育子／市毛 勝雄	
〈ほんだな〉	
例会発表要旨・活動報告	

1997.3 早稲田大学国語教育研究 第17集

〈論文〉	
「大鏡」兼通伝・八巻増補本文の教材化について	勇 晴美
国民科国語における音声言語教育 —戦後への幻の架橋—	大平 浩哉
「国語」か「日本語」かという問題に関する一考察 —多文化教育の視点から—	野山 広
〈実践報告〉	
漢文の素読に対する調査報告	石毛 慎一
「大鏡」を教材とした研究授業の報告	久恒 二郎
寓意を読む	石塚 政吾
「城の崎にて」の授業実践報告 —研修内容の検証にかえて—	山﨑 真弓
人間蘇生の「松戸・自主夜間中学校」	佐野 斉孝
〈現場からの報告〉 石差 智博／利根川 清／西村 健	
例会活動記録・研究会活動報告	

1998.3 早稲田大学国語教育研究 第18集

国語教育改革の課題	大平 浩哉
〈特集 表現の指導〉	
作文指導の理論と技術	市毛 勝雄
かみあった議論を指導する方法の開発 —いわゆるディベートの改善案として—	杉田 知之
「相互交流的なコミュニケーション」を重視した表現指導のありかた —小学校・中学校コミュニケーション調査の結果に基づいて	有元 秀文
「論理的思考力」を育成するための教材研究試案	池田 尚子
小論文の指導方法について —一年間の「国語表現」の授業を通して—	吉田 智美
ビデオを利用した表現指導 —NHK朝の連続テレビ小説を題材として—	横堀 利明
「読み手の〈心〉に届く〈作文〉」の指導	真杉 秀樹
〈論文〉	
教材「注文の多い料理店」における主題指導の考察 —読みの指導法改善に向けて—	中村 孝一
課題集めを生かした国語の授業	山下 勇人
教材「おくのほそ道」の本文表記に関する一考 —仮名遣いを中心に—	藤原マリ子
萩原朔太郎の音楽性 —作品構造の解明を通して—	島野 尚月
〈現場からの報告〉	木村 将弘
活動記録	

第4章　早稲田大学国語教育学会の活動と歴史

1999.3	早稲田大学国語教育研究 第19集	
〈論文〉		
表現指導の戦略 ―いかに表現させるか―		町田 守弘
「相互交流のコミュニケーション」を学ぶための、国語科の学習指導のあり方		有元 秀文
「ますらをぶり」と「たをやめぶり」―古典和歌の指導のために―		土毛 秀里
漢詩教材「音読」の理論と効用 ―授業多様化のための一試論―		中村 佳文
明治・大正期の漢文科科廃論争とその意 ―国体論の視点から―		石毛 慎一
大正期国語国字問題と〈国語教育〉・〈文学〉 ―国定教科書と第二次「早稲田文学」を手掛かりに―		古屋 敏亮
新制中学校発足期の古典教育 ―「中等国語」の古文教材―		岩崎 淳
〈実践報告〉		
「視点」「観点」を増やす指導 ―授業「象を冷蔵庫に入れる方法」の実践報告―		黒毛 孝広
説明的文章教材の基本的指導過程 ―論理構造の把握から表現活動まで―		井上 敬夫
〈現場からの報告〉和田 朗／松本 和博／根岸 一成／横986 利明		
〈書評・紹介〉		
大平浩哉編『国語教育史に学ぶ』		田近 洵一
堀切実編『「おくのほそ道」と古典教育』		佐藤 勝明
『市毛勝雄著作集』		小泉 尚子
一九九八年度活動記録		

2000.3	早稲田大学国語教育研究 第20集	
〈特集〉二十一世紀の文学教育をどうするか ―新学習指導要領に向けて―		
"第三の波"としての国語教育の改革 ―学習者主体の教育の流れの中で―		大平 浩哉
想像力と表現力を鍛える古典教育		中嶋 隆
古典教育はやはり「読解力と鑑賞」にこだわって ―新指導要領の中の古典教育―		勇 晴美
新学習指導要領実施に向けてのの問題点 ―公立中学校の視点から―		伊藤 博
表現を意識した文書売り買い ―語り手を意識した場合を中心に―		石出 靖雄
細部に目を向け 生き方を読む授業を		田島 伸夫
文学教育・言語教育素描 ―新学習指導要領という「制度」―		沢 豊彦
〈論文〉		
説明的文章（論理的文章）の改善について		長谷川 祥子
仮定としての〈書く〉こと ―井伏鱒二「さざなみ軍記」考―		掛井 みち恵
〈実践報告〉		
書き手の〈心〉に届く〈読解〉の検証 ―「現代のサンタクロース」をめぐって―		真杉 秀樹
〈現場からの報告〉丹治 昭雄／生駒 昌之／小原 俊／小玉 哲也／大津 雄一		
〈書評〉		
津本信博編『新時代の古典教育』		吉田 茂
野村敏夫著『言葉と心が響き合う表現指導 ―主体交響の国語教育―』		山下 勇人
榎本隆司編著『ことばの世紀 ―新国語教育研究と実践』		中村 献作
例会・大会記録		
一九九九年度活動記録		

2001.3	早稲田大学国語教育研究 第21集	
〈特集〉二一世紀の国語教育の課題		
二十一世紀の国語教育の課題		関口 安義
教育現場から見た音声言語の指導課題		熊谷 芳郎
純磨した〈想像力〉を研磨するために ―市村弘正「失敗の意味」の授業		佐藤 洋樹
総合的学習に基づく主体的な情報読みの学習指導 ―国語科における総合的学習活動の意義―		北林 敬
国語教育におけるラジオドラマ ―その可能性に関する覚え書き―		永井 健一
新しい「国語表現」の可能性 ―コミュニケーション能力育成としての問題発見解決学習―		細川 英雄
【情報】国語審議会答申		野村 敏夫
〈論文〉		
神話教材の可能性を考える ―神話研究者の立場から―		松本 直樹
小笠原文次郎におけるキーワードとしての「言語生活」		黒川 孝広
「中等国語(4)」(昭二〇) 漢文篇目次の成立過程 ―新制中学初の編集意図の方向を探って―		石毛 慎一
〈実践報告〉		
「英語理解」プロジェクト		境 匡
〈現場からの報告〉坂口 京子／望月 正秀／新井 敏之／大屋敷 全		
二〇〇〇年度活動記録		
〈ほんだな〉		

2002.3	早稲田大学国語教育研究 第22集	
〈特集〉国語教育における「読む」―研究と実践の可能性をひらく―		
石頭城によせる潮 ―劉禹錫「石頭城」詩の解をめぐって―		田口 暢穂
耳で読む／目で聴くためのレッスン ―朗読教育のために考えておきたいこと―		金井 景子
教室で読むということ ―「山月記」の実践を踏まえて―		横組 利明
視座としての〈笑い〉―枕草子「方仗は」の段の〈笑い〉―		一之瀬 朗・長崎 州美子
〈論文〉		
反復と一回性―太宰治「魚服記」論―		菊地 薫
「論証」指導の研究―その系統性と実践化の方向―		光野 公司郎
コミュニケーション能力を育てるための手紙文教材		渡辺 通子
〈現場からの報告〉佐々木 律／大川 育子／佐藤 美佐／塩崎 裕吉		
〈新刊評〉		
金井景子編著『ジェンダー・フリーの試み 国語にできること』		牛山 恵
町田守弘著『国語教育の戦略』		浅田 孝紀
伊藤洋著『国語の教科書を考える―フランス・ドイツ・日本―』		北林 敬
二〇〇一年度活動報告記録		

2003.3	早稲田大学国語教育研究 第23集	
〈特集〉国語科教材を問い直す		
教材としての「東下り」の可能性		大津 雄一
「読み比べ」の可能性		兼築 信行
千里の馬は大きらい ―韓愈「雑説」の「食」字について―		岩見 輝彦
つながりの発見、豊かさをこばむ組織 ―国語科教材をめぐる覚書―		高橋 広満
中学校の近代文学教育を考える		田島 伸夫
「国語」教材としての小説の不可能性 ―「文学界」特集を考える―		山田 俊治
〈論文〉		
教材としての近世俳文 ―明治期の教科書をめぐって―		鈴木 秀一
昭和期国定国語教科書にみられる人間関係 ―第四期(サクラ読本)から第五期(アサヒ読本)へ―		渡辺 通子
国民学校国民科国語の教科伝達の問題 ―当時の批判から見る伝達構造の問題点―		黒川 孝広
〈講演〉これまでの国語教育、これからの国語教育		市毛 勝雄
〈情報〉国語教科書目次目録データベース構築とその公開に関して 金井 景子／樋口 恵／内木 明子／能地 克宣／吉田 竜也／岸 雅子／稲見 得将／林 教子		
〈書評〉		
細川英雄著『日本語教育は何をめざすか―言語文化活動の理論と実践』		野山 広
田近洵一編集『子どものコミュニケーション意識 ―こころ、ことばからかかわり合いをひらく―』		中村 孝一
〈現場から〉稲垣 一郎／内田 剛／中村 孝一／中田 幸子		
二〇〇二年度活動記録		

2004.3	早稲田大学国語教育研究 第24集	
〈特集〉「ことば」の教育を問い直す		
読み書きに生きる文法を 小学生を対象に		内藤 哲彦
中学校における文法教育の問題 ―その改善にむけて―		福田 実枝子
大学における文法教育の意義と課題		松本 正恵
「日本語教育」における「文法」の教育を問い直す ―〈言語=行為〉観に基づく「日本語教育」の立場から―		浦谷 宏
〈論文〉		
古典に親しむ態度を育てるために ―近世パロディ文芸の教材利用への一提案―		鈴木 久美
自己表現の機構 ―島崎藤村「処女地」を視座とした表現指導の考察―		永井 聖剛
国定国語教科書にみられる人間関係 ―第一期から第六期まで―		渡辺 通子
〈新刊一覧〉		
〈新刊紹介〉		
町田守弘著『国語科授業構想の展開』		光野 公司郎
堀誠著『流諦の鼻 中国の文学と生活』		永田 英理
小林保治著『平安京の仰天逸話』		辻田 豪史
堀切実編『「おくのほそ道」解釈事典―諸説一覧―』		鈴木 久美
〈現場から〉		
外国人生徒の受け入れについて ―入試・入学後・授業―		大場 重信
文法学習を音読から―教えることを学んだ二年間―		加藤 明子
国語科の使命		湯澤 章平
二〇〇三年度活動記録		

2005.3 早稲田大学国語教育研究 第25集

〈特集〉「国語教育の現状を考える」
座談会「授業の現場から」　阪田 信子・勇 晴美・伊藤 博・岩崎 淳・坂口 京子・芳澤 隆

〈現場から〉

初めての異動を経験して	大屋敷 全
生徒の内面に触れる教科 ―国語力を考える際の一視点―	田村 景子
学校の目的	内田 剛
学校の入り口と出口から考えること	相沢 浩史
授業の到達目標をどう設定するか	深谷 幸恵

〈実践報告〉

都立高校における学校改革 ―副校長の立場から―	北林 敬
教育課程における漢文教育 ―総合学科としての試み―	林 教子
早稲田大学大学院アジア太平洋研究科における「アカデミック・ライティング」授業 ―「書くことの総仕上げ」―	佐渡島 紗織
「授業に生かす評価」を活用した「国語総合」の実践	熊谷 芳郎

〈論文〉

『竹取物語』における心の交流 ―高校教科書採録箇所についての提案―	有馬 義貴
『平家物語』群読の理論と効用 ―解釈から表現への授業展開―	中村 佳文

二〇〇四年度活動記録

2006.3 早稲田大学国語教育研究 第26集

〈特集〉「国語教育改革への提言」

〈論文〉国語教育改革への提言 ―教育課程改訂に向けて―	大平 浩哉

座談会「国語教育改革への提言」　町田 守弘・稲見 得司・榎本 隆之・寺崎 賢一
座談会へのコメント　阪田 信子・田島 伸夫・永井 健一・中村 良衛・浜本 純逸

〈論文〉

中高一貫校における現代文の授業 ―「中だるみ」の生徒を引きつける戦略―	大貫 眞弘

〈実践報告〉

教材としての『伊勢物語』二十三段考	早乙女 利光
オンデマンドシステムを活用した「国語科教育法」	櫻本 隆之
〈情報〉早稲田大学国際教養学部に発足したライティング・センターの運営と指導	佐渡島 紗織

〈現場から〉

高等学校現場における電子辞書	工藤 雅史
日々雑感	根岸 一成
「卵形のおもちゃ」は手放せないか	高山 美佐

二〇〇五年度活動記録

2007.3 早稲田大学国語教育研究 第27集

〈特集〉「新しい教材・新しい実践」

教材研究『平家物語』老後の恥辱ただ此事候 ―巻第五「富士川」における実盛像―	深澤 邦弘
古文解釈のための品詞分解練習 ―古典文法の段階的指導と暗記例文の効用―	松田 聡
漢文なんかいらないという生徒のために	大川 育子
「カメレオン」（チェーホフ） ―「読む」ことから「書く」ことへ―	堀内 雅人
教室で詩を読む意味と方法を問い直す ―「詩論」によって現代詩を読む―	平野 孝子
パネル・ディスカッションの指導における ―「指導の目標」と「論題の設定」―	大貫 眞弘
評論文にいざなう授業の工夫 ―生徒が主体的に教材とむきあえるために―	野村 耕一郎

〈論文〉

国民学校国民科国語における教育理念の継承について ―明石女子師範附属国民学校の場合―	黒川 孝広
谷崎潤一郎『文章読本』 ―声とエクリチュールをめぐって―	徐 昌源

〈現場から〉

もっと多読を	笹川 三恵子
「異空間」？便り	掛井 みち恵
自分にしかできない授業を目指して	坂本 智美
高校の現場から	内藤 剛
土佐弁短歌のこころみ	細川 光洋
日々の授業の場から	斉藤 裕

二〇〇六年度活動記録

2008.3 早稲田大学国語教育研究 第28集

特集「社会の変化と国語教育の課題 ―いま「ことばの力」を問い直す―」

〈論文〉

国語学力をこのように考えてきた	浜本 純逸
生徒が「社会」と「教師」を信頼するために必要な力	内藤 剛
響教育から見た「ことばの力」	西村 健
夜間定時制高校における授業実践報告	保科 潤一

〈論文〉

『源氏物語』桐壺巻「いとまばゆき人の御おぼえなり」の解釈とその指導について	早乙女 利光

〈実践報告〉

近代短歌の授業実践 ―今の自分を語る学習として―	坂本 智美
ことばの「表情」を実感させるために	中里 有希
「私」の「こころ」チャート	上牧瀬 香
「同世代の目」	大橋 健二
古文奮闘―学習者の意欲喚起をめぐって―	佐藤 厚子
雑感	丹田 充

〈新刊一覧〉
〈新刊紹介〉

二〇〇七年度活動報告

2009.3 早稲田大学国語教育研究 第29集

特集「新しい国語教育の可能性を探る ―読解力と表現力をむすぶために―」

三領域を関連させて育成する読解力・表現力 ―改訂された学習指導要領に見る国語科の新指向―	小原 俊
結節点としての音読・朗読 ―音声訳の導入による指導内容の明確化―	幸田 国広
二文字漢字熟語の構成分析から語彙力向上へ ―国語科教育における新たな漢字語彙指導法の模索―	李 軍
語用論導入を軸とする戯曲教材の開発 ―平田オリザ「暗愚小傳」を例として―	浅田 孝紀
「学校再生のための教材と作文」 ―生徒内面からの出発―	星野 智也
古典の読解、文法指導と表現をどう結びつけるか	勇 晴美

〈論文〉

文学史教材としての『源氏物語』「絵合」巻 ―作品に内在する文学史―	有馬 義貴
「古今和歌集」教材論 ―季節観念の享受という視点から―	中村 佳文
数字イメージの日中比較と高等学校での国語教育 ―漢文編―	林 教子

〈現場から〉

生きた教材を	高橋 飛鳥
「鍋ぶた事件」の教え	水島 千絵
ある公立高校の現場から	矢持 昌也
「「自己学習能力」育成のための「芽」を探す」	安木 裕香織
古典を身近に感じさせる授業をめざして	小塩 妙子
批評する喜びを子供たちに	小塩 卓哉

二〇〇八年度活動報告

第4章　早稲田大学国語教育学会の活動と歴史

2010.3 早稲田大学国語教育研究 第30集

特集「早稲田の国語教育」
〈論文〉

早稲田大学における国語教育の足跡を辿る―教育学部・教育学科・国語教育学会を中心に，個体史を絡めて―	町田 守弘
これからの国語教育をどうしたらよいか―早稲田大学で学んだことをどう生かすか？―	有元 秀文
国語教育者としての川副國基	古家 敏亮
鈴木醇爾に関する覚え書	髙野 光男
「読者」という視点	大塚 敏久
白石大二言語教育論の今日的意義 ――九四八～一九五九年に展開された国語学理論の体系―	坂口 京子
昭和戦前期中学校国語科「講読」における解釈法の探究―「省勞抄 純正國語讀本参考書」（五十嵐力監修）を中心に―	浜本 純逸

〈これまでとこれから〉

老馬之智	榎本 隆司
早稲田大学国語教育学会と教育・総合科学学術院	堀　誠
「国語教育史と実践に学ぶ会」の歩み	横watch 利明
実践への理論的批評と対話―自らの「声」を見つめて―	中村 佳文
古典教育研究会	稻田 実枝子
支部活動の秘める可能性について	小塩 卓哉

〈特集Ⅱ〉

自分から学ぶ中学生を育てて	田島 伸夫
委託研修生の頃	奥村 剛士
原点	永田 正博
礎としての「学ぶ会」	伊藤 博
国語教育におけるWHAT（何を）とHOW（どのように）	野中 哲照
早稲田大学国語教育史研究の観点から―	黒川 孝広
随想　早稲田で学んだもの	齋藤 有子
〈永遠〉の国語病	能地 克宜
私と「早稲田大学国語教育研究」の関わり	丁 允英
早稲田で留学生がどのような国語教育研究をしているのか	丁 秋娜

〈論文〉

月への咆哮―中島敦「山月記」考―	堀　誠

〈実践報告〉

図像を用いた解釈・説明力育成の試み―石田徹也の作品を教材として―	佐々木 基成

〈現場から〉

良好な三角関係のために	辻田 豪史
「情報格差」の時代に	岸 圭介
学び合う教室を目指して	松村 久幸
「楽しい国語」を目指して	田邊 一奈
現場から―指導の男女差―	築山 巴香
和歌を感じられるように	服部 有希

二〇〇九年度活動報告

2011.3 早稲田大学国語教育研究 第31集

特集「文学・語学研究と国語教育の連携を探る」
〈論文〉

国語教育と近代文学研究のあいだ―小・中学校教科書教材等を介在させて―	髙橋 広満
「文学」（一九九〇）連続特集における文学教育論の意義―文学教育と文学研究の連携を考えるために―	武藤 清吾
伊勢物語初段に関する三つの問題	古家 敏亮
俳句の鑑賞指導と「切れ字」―切れ字の機能構造論からの検討―	藤原 マリ子

〈現場から〉

紅野敏郎先生から学んだこと	大川 育子
大学を遠く離れて	敷地 博
ゆりかごから一緒の仲間たちと	近藤 直子
古典教育雑考	小林 賢太

〈新刊一覧〉
〈新刊紹介〉
奥泉 香／芹田 渚／金子 泰子／小林 雄佑／内田 剛／高山 実佐／橋本 麻美／菊野 雅之

二〇一〇年度活動報告

2012.3 早稲田大学国語教育研究 第32集

特集Ⅰ「国語の「教養」」

〈書かれたものは、刻まれるのだ〉	財前 謙
文学、あるいは継続する「教養カルチャー」	土佐 秀里
教養／副教材としての『批評理論入門』―テクスト間の架橋のために―	永井 健一

特集Ⅱ「国語科教師教育の課題」

改善に向けての実施可能な方策を探る	金子 守
教員免許状更新制度における国語科教師教育の推進について	伊藤 博
コミュニケーション・コーディネーターとしての教師の役割	内田 剛
国語科教師教育における「実践的な指導力」の育成―学部と大学院における実習の差異を踏まえて―	田中 宏幸

〈論文〉

授業談話分析からみる「読み」の形成過程―小学校低学年段階における交流型授業の事例から―	三輪 彩子
ガ格形容詞を述語とした「は」も「が」も使えない文―「映画、面白かったね」という文をどう捉えるか―	苅宿 紀子

〈現場から〉

学習コンテンツ事始め―生徒の教養を刺激するには―	勇 晴美
〈内からの自由〉と「定言命法」	寺崎 賢一
国語教員として東日本大震災に思う	酒井 雅子
「わたくしたちの文集」から	鈴木 秀一
現代文学とはなにか	吉田 竜也
保育者養成における文章指導の重要性	髙野 浩

〈新刊一覧〉
〈新刊紹介〉米田 有里／伊藤 かおり／黒川 孝広／山田 里奈／近藤 聡／小菅 健一／金子 泰子／渡瀬 淳子

二〇一一年度活動報告

2013.3 早稲田大学国語教育研究 第33集

〈特集〉国語教科書の可能性

理想の教科書は存在するか	岩崎 淳
新学習指導要領下における文章教材の学習について―中学校国語教科書に見る「走れメロス」の言語活動―	小原 俊
国語教科書に望まこと―平成13年検定版中学国語教科書の分析―	岸 洋輔
国語教科書が捨ててきたもの―伝統的な言語文化をどう教えてきたのか―	都築 則幸
教科書史・教材史と読者研究―端緒としての沖縄―	和田 敦彦

〈論文〉

「歴史的仮名遣い」と「文語表現」―古典授業導入時における意義を踏まえて―	樋口 敦士

〈現場から〉

「社会人基礎力」と「国語教育」	荒木 竜平
"思考"前夜の受験生たち	水島 千絵
国語教室での課題　表現する内容とその質	齋築 真子
国語教育と私	小西 理恵
豊かに「拡散」する教室へ	美谷島 秀明

〈新刊一覧〉
〈新刊紹介〉大友 雄輔／芹田 渚／柳本 彩子／髙野 浩／岡田 和樹／東川 雅子／林 圭介／酒井 雅子

二〇一二年度活動報告

歴代事務局

年度	◎代表	○総務	●庶務			
1982	◎ 榎本隆司	○ 杉野要吉	● 津本信博			
1983	◎ 榎本隆司	○ 杉野要吉	● 津本信博	町田守弘	春田裕之	古井純士
1984	◎ 榎本隆司	○ 堀切実	● 津本信博	町田守弘	春田裕之	古井純士
1985	◎ 榎本隆司	○ 堀切実	● 津本信博	町田守弘	春田裕之	古井純士
1986	◎ 榎本隆司	○ 小林保治	● 堀 誠	町田守弘	春田裕之	長野和範
1987	◎ 榎本隆司	○ 小林保治	● 堀 誠	町田守弘	春田裕之	長野和範
1988	◎ 榎本隆司	○ 岩淵匡	● 堀 誠	町田守弘	高野光男	長野和範
1989	◎ 榎本隆司	○ 岩淵匡	● 千葉俊二	町田守弘	高野光男	長野和範
1990	◎ 紅野敏郎	○ 柳瀬喜代志	● 千葉俊二	芳澤隆	高野光男	野村敏夫
1991	◎ 紅野敏郎	○ 柳瀬喜代志	● 千葉俊二	芳澤隆	高野光男	野村敏夫
1992	◎ 興津要	○ 津本信博	● 桑山俊彦	町田守弘	岩﨑淳	野村敏夫
1993	◎ 大平浩哉	○ 東郷克美	浅田孝紀	町田守弘	岩﨑淳	岸洋輔
1994	◎ 大平浩哉	○ 東郷克美	浅田孝紀	町田守弘	岩﨑淳	岸洋輔
1995	◎ 大平浩哉	○ 東郷克美	浅田孝紀	町田守弘	岩﨑淳	岸洋輔
1996	◎ 梶尾正昭	○ 千葉俊二	浅田孝紀	小原俊	高部佐和子	岸洋輔
1997	◎ 梶尾正昭	○ 千葉俊二	浅田孝紀	小原俊	高部佐和子	岸洋輔
1998	◎ 戸谷高明	○ 堀 誠	伊藤博	小原俊	黒川孝広	和智潔
1999	◎ 戸谷高明	○ 堀 誠	伊藤博	小原俊	黒川孝広	和智潔
2000	◎ 中野幸一	○ 金井景子	伊藤博	小原俊	黒川孝広	和智潔
2001	◎ 中野幸一	○ 金井景子	伊藤博	小原俊	黒川孝広	和智潔
2002	◎ 堀切実	○ 松木正恵	● 町田守弘	小原俊	黒川孝広	和智潔
2003	◎ 堀切実	○ 松木正恵	● 町田守弘	小原俊	黒川孝広	和智潔
2004	◎ 岩淵匡	○ 中嶋隆	● 松木正恵	熊谷芳郎	黒川孝広	和智潔
2005	◎ 岩淵匡	○ 中嶋隆	● 内山精也	熊谷芳郎	黒川孝広	和智潔
2006	◎ 小林保治	○ 内山精也	一之瀬朗	熊谷芳郎	堀内雅人	大貫眞弘
2007	◎ 小林保治	○ 内山精也	一之瀬朗	熊谷芳郎	堀内雅人	大貫眞弘
2008	◎ 桑山俊彦	○ 松本直樹	一之瀬朗	熊谷芳郎	堀内雅人	大貫眞弘
2009	◎ 桑山俊彦	○ 松本直樹	一之瀬朗	熊谷芳郎	堀内雅人	大貫眞弘
2010	◎ 千葉俊二	○ 町田守弘	勇晴美	岸圭介	堀内雅人	大貫眞弘
2011	◎ 千葉俊二	○ 町田守弘	勇晴美	岸圭介	堀内雅人	大貫眞弘
2012	◎ 町田守弘	○ 福家俊幸	勇晴美	岸圭介	岩﨑淳	大貫眞弘
2013	◎ 町田守弘	○ 福家俊幸	勇晴美	岸圭介	岩﨑淳	大貫眞弘

第4章　早稲田大学国語教育学会の活動と歴史　89

メンバー一覧

				括弧内は助手		
				（宗像和重）		
				（宗像和重）		
				（堀　誠）		
長野和範				（深町健一郎）		
福田実枝子				（深町健一郎）		
重崎雅子				（森野崇）		
				（森野崇）		
				（野中哲照）		
山科知子				（野中哲照）		
山科知子				（野中哲照）		
福田実枝子	吉田茂			（松本直樹）		
横堀利明				（天野真美）	（三田明弘）	
横堀利明				（天野真美）	（三田明弘）	
横堀利明				（天野真美）	（三田明弘）	
横堀利明	箕輪武雄			（大島悦子）	（松島毅）	
横堀利明	箕輪武雄			（大島悦子）	（松島毅）	
高橋麗子	箕輪武雄			（菊地薫）	（濱田寛）	
高橋麗子	箕輪武雄			（菊地薫）	（濱田寛）	（鈴木久美）
永田正博	吉田茂			（中田幸子）	（樋口恵）	（鈴木久美）
永田正博	吉田茂			（中田幸子）	（樋口恵）	（土屋有里子）
永田正博	吉田茂	永井聖剛	犬塚大蔵	（永田英理）	（早乙女利光）	（土屋有里子）
永田正博	吉田茂	永井聖剛	犬塚大蔵	（山口徹）	（早乙女利光）	（大野敬代）
永田正博	曾原祥隆	永井聖剛	犬塚大蔵	（山口徹）	（本橋幸康）	（大野敬代）
永田正博	曾原祥隆	永井聖剛	犬塚大蔵	（南陽子）	（本橋幸康）	（渡瀬淳子）
永田正博	曾原祥隆	早乙女利光		（南陽子）	（高野浩）	（渡瀬淳子）
永田正博	曾原祥隆	早乙女利光		（吉田竜也）	（丁允英）	（丁秋娜）
永田正博	吉田茂	近藤聡		（吉田竜也）	（丁允英）	（丁秋娜）
永田正博	吉田茂	近藤聡		（水上雄亮）	（菊野雅之）	（有馬義貴）
大塚敏久	上牧瀬香	近藤聡		（水上雄亮）	（菊野雅之）	（有馬義貴）
大塚敏久	上牧瀬香	近藤聡		（李　軍）	（西野厚志）	（苅宿紀子）
大塚敏久	上牧瀬香	塩田妙子		（李　軍）	（西野厚志）	（苅宿紀子）
大塚敏久	上牧瀬香	塩田妙子		（野村亞住）	（酒井浩介）	（伊藤かおり）

『早稲田大学国語教育研究』編集委員一覧

刊号	発行年月							
第1集	1981.3	海老原雅人	町田守弘	瓜生鉄二				
第2集	1982.11	榎本隆司	町田守弘	柿木昌平	鈴木醇爾	後藤良雄	中村献作	
第3集	1983.6	刊号に記載なし						
第4集	1984.3	粂山俊彦	寺村政男	瓜生鉄二	鈴木醇爾	後藤良雄	佐野斉孝	
第5集	1985.6	千葉俊二	粂山俊彦	瓜生鉄二	岡本卓治	池部幸明	山本昌弘	佐野斉孝
第6集	1986.6	千葉俊二	奥村剛士	瓜生鉄二	岡本卓治	池部幸明	山本昌弘	
第7集	1987.6	千葉俊二	奥村剛士	瓜生鉄二	岡本卓治	池部幸明	山本昌弘	
第8集	1988.6	千葉俊二	奥村剛士	瓜生鉄二	岡本卓治	中村献作	古井純士	柳瀬喜代志
第9集	1989.6	柳瀬喜代志	奥村剛士	瓜生鉄二	岡本卓治	中村献作	古井純士	
第10集	1990.6	刊号に記載なし						
第11集	1991.6	堀切実	岩淵匡	瓜生鉄二	内藤哲彦	中村献作	古井純士	田島伸夫
第12集	1992.6	堀切実	岩淵匡	瓜生鉄二	内藤哲彦	中村献作	古井純士	田島伸夫
第13集	1993.6	柳瀬喜代志	岩淵匡	瓜生鉄二	内藤哲彦	中村献作	古井純士	田島伸夫
第14集	1994.11	堀誠	山下勇人	高橋弘満	内藤哲彦	高野光男	古井純士	
第15集	1995.6	堀誠	山下勇人	高橋弘満	内藤哲彦	高野光男	古井純士	
第16集	1996.3	堀誠	山下勇人	高橋弘満	内藤哲彦	高野光男	古井純士	
第17集	1997.3	市毛勝雄	山下勇人	高橋弘満	福田実枝子	高野光男	中嶋隆	
第18集	1998.3	市毛勝雄	山下勇人	高橋弘満	福田実枝子	高野光男	中嶋隆	
第19集	1999.3	市毛勝雄	東郷克美	宗像和重	福田実枝子	勇晴美	浅田孝紀	
第20集	2000.3	市毛勝雄	東郷克美	宗像和重	福田実枝子	勇晴美	浅田孝紀	
第21集	2001.3	田近洵一	内山精也	宗像和重	野村敏夫	勇晴美	浅田孝紀	
第22集	2002.3	田近洵一	岩淵匡	宗像和重	野村敏夫	勇晴美	浅田孝紀	
第23集	2003.3	田近洵一	岩淵匡	大塚敏久	野村敏夫	春田裕之	箕輪武雄	
第24集	2004.3	浜本純逸	岩淵匡	大塚敏久	野村敏夫	深澤邦弘	箕輪武雄	
第25集	2005.3	浜本純逸	小林保治	大塚敏久	高橋麗子	深澤邦弘	箕輪武雄	
第26集	2006.3	浜本純逸	小林保治	横堀利明	高橋麗子	深澤邦弘	箕輪武雄	
第27集	2007.3	町田守弘	福家俊幸	横堀利明	近藤直子	坂口京子	永井健一	
第28集	2008.3	町田守弘	福家俊幸	横堀利明	近藤直子	坂口京子	永井健一	
第29集	2009.3	町田守弘	福家俊幸	横堀利明	近藤直子	坂口京子		
第30集	2010.3	町田守弘	福家俊幸	幸田国広	近藤直子	石出靖雄	水島千絵	
第31集	2011.3	金井景子	宮脇真彦	幸田国広	平野孝子	石出靖雄	水島千絵	
第32集	2012.3	金井景子	宮脇真彦	幸田国広	平野孝子	石出靖雄	水島千絵	
第33集	2013.3	金井景子	大津雄一	幸田国広	平野孝子	中田精	早乙女利光	

本章に示された記録を基礎資料とし，次章以降で，本学会の設立から今日に至るまでの発展の過程を様々な角度から分析・探究を行うこととしたい。

　なお，1970年に発行されたと推測される『早稲田大学国語教育学会会報第8号』と，1980年に発行されたと推測される『早稲田大学国語教育学会会報第18号』の二号については，現調査段階では存在を確認できていない。本学会の発展の過程をより明らかなものとするために，所持している方がおられたらぜひご一報いただくことを冀うものである。

第5章

早稲田大学国語教育学会の活動の歴史
― 例大会の記録から見る研究テーマの変遷 ―

松本　直樹

　早稲田大学国語教育学会の設立は1963年に遡る。同年11月開催の第1回例会から，今日に至るまでの50年の間に，継続的に開催された例会・大会（以下，例大会とする）は250回を超えている。このことは，早稲田大学国語教育学会の活動が，早稲田大学における「国語教育」の研究史の一翼を担うに十分な存在であることの根拠となるだろう。

1　研究傾向の変遷

　本章では，第4章の大貫眞弘の調査報告に基づいて，早稲田大学国語教育学会の例大会における講演・研究発表，座談会・シンポジウムの分野別傾向の変遷を追ってみたい。当学会では，1963年の設立以来，2012年度までに，250回を超える例大会が開催され，講演や研究発表の件数は優に500件を超えている。この件数の多さから，当学会における研究分野の傾向を概観する上で，最も効果的な資料が例大会の記録であるといってよいだろう。『早稲田大学国語教育学会会報』および機関誌『早稲田大学国語教育研究』に掲載された論文等は，

例大会での発表等に基づくものが多く、その具体的な内容を検討する上で適宜参照することにする。本稿では研究分野を次の通りとした。

① 現代文（文学教育・教材研究）
② 古文（文学教育・教材研究）
③ 漢文（文学教育・教材研究）
④ 日本語（文法・仮名遣いなど）
⑤ 表現指導／⑥ 国語教育論

当学会が設立された1963年から2013年にいたる50年間を、およそ10年を単位として、1960年代・1970年代…と年代を区切り（但、2010年代はまだデータ件数が少なく、傾向を分析するための数値として十分ではないと考え、2000年代と2010年代とを一括して2000年以降として扱うこととした）、分野別の発表回数の割合を示したのが後のグラフである。発表回数を数える際、1回のシンポジウムで3名の基調報告があった場合には3件として扱うこととした。これによってシンポジウムを組んだことの重みを、ある程度データに反映させることができると考えたためである。

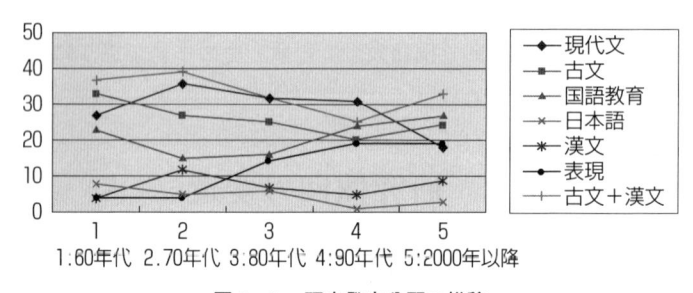

図5-1　研究発表分野の推移

2　古典教育の重視

グラフを一見して分かることは、国語教育論よりも現代文（現代国語）や古典の教材研究・文学教育研究の割合の高い時代が長く続いたことである。その

中では，古典（古文および漢文）と現代文の発表等がバランスよく，ほぼ同じ回数でなされてきたことが分かる。このことは，当学会の事実上の運営主体である教育学部国語国文学科の教員配置およびカリキュラム構成と無関係ではないだろう。例えば，2013年度の卒業論文指導の科目（カリキュラムでは4年次配当の選択必修科目「特殊演習」）は次の通りであり，17科目中16科目を専任教員が担当している。

　　上代文学　　1クラス
　　中古文学　　2クラス
　　中世文学　　2クラス
　　近世文学　　2クラス
　　近代文学　　4クラス
　　日本語学　　3クラス
　　中国文学　　2クラス
　　国語教育　　1クラス

　早稲田大学教育学部がいわゆる開放制教育学部として設置，維持され，国語国文学科においては，日本語・日本文学・中国文学の専門性を重視した国語科教員の養成がなされてきた。この点は，旧師範学校を受け継いだ国立大学教育学部との大きな違いである。当学会における上記の傾向は，まさしく教育学部国語国文学科における特徴的な国語科教員養成の理念と，それに基づくカリキュラムとに連動しているものと思われる。

　上述のような傾向の中でも，古文と漢文を合わせた古典の件数が1990年代以外で分野別の第一位であることは注目に値する。教科書に採用される教材の数や紙幅，また授業時数においては，おおむね「現代文」が「古典」を上回る傾向であり，さらに授業時数や大学入試問題における漢文の比率が著しく低下してきたことを勘案すると，発足当時から現在まで変わることのない古典教育重視の姿勢がこの学会の特徴の一つであるということができるだろう。

　2008（平成20）年に教育基本法が「改正」され，その新法のもとで学習指導要領の改訂が行われた。そこでは「伝統や文化に関する教育の充実」が謳われ，

さらに「小学校での漢文指導」が盛り込まれるなど，古典重視の方向性が示されたが，このことは1958（昭和33）年に始まる6度の改訂の中でも特筆すべき点であると思われるが，当学会ではそれ以前から自発的に古典重視の姿勢を維持してきたと言ってよい。

戦後の教育において，古典の中で最も軽視されてきた分野の一つが上代文学である。今次の学習指導要領改訂において，その重要性が示されていることは，第240回大会（2009年6月）におけるシンポジウム「伝統文化の教育とは何か」における基調報告においても明らかにされた。当学会では，上代文学に関しても早くから研究の取り組みがなされて来た。例大会での講演・発表及び「早稲田大学国語教育学会会報」「早稲田大学国語教育研究」の記事や論文の中から，上代文学に関するものをあげると次の通りである。

1968年　『早稲田大学国語教育学会会報』第1号
　○「古典の現代語訳　三重吉『古事記物語』をめぐって」
　　　　　　　　　　　　　　　　　　（土浦短期大学　山崎正之）
1969年　『早稲田大学国語教育学会会報』6
　○「特集・万葉集　教科書の万葉集」（早稲田大学　戸谷高明）
　○「特集・万葉集　万葉集の学習を終えて」（都立南高等学校　広多建次）
　○「特集・万葉集　万葉教材の指導について」
　　　　　　　　　　　　　　　　　　（早稲田大学高等学院　内藤磐）
1970年　第49回大会
　○講演「人麻呂における『死』」（成城大学　中西進）
　○講演「額田王を憶ふ」（早稲田大学　谷馨）
1972年　第66回例会
　○発表「古代文学の指導 ― 古事記・倭建命をめぐって」
　　　　　　　　　　　　　　　　　　（早稲田中学・高等学校　黒川光）
『会報』第12号（1973年12月）に「古事記を教えること」として発表要旨が載る。

1974年　第81回例会
　○発表「万葉集の教材と授業についての所感」
　　　　　　　　　　　　　　　　　　（早稲田大学高等学院　内藤磐）
1974年　第82回例会
　○発表「古事記　倭建命の扱い方」（早稲田大学高等学院　後藤良雄）
　「会報」14（1976年5月）に同題の発表要旨が載る。
1999年3月『早稲田大学国語教育研究』第19集
　○論文「『ますらをぶり』と『たをやめぶり』」
　　　　　　　　　　　　　　　　　（早稲田実業学校非常勤　土佐秀里）
1999年　第202回例会
　○最終講義「古典教材としての『万葉集』」（早稲田大学　戸谷高明）
2001年3月『早稲田大学国語教育研究』第21集
　○論文「神話教材の可能性を考える」（早稲田大学　松本直樹）
2001年　第209回例会
　○発表「教材研究　古代の神話伝説」（早稲田大学　松本直樹）
2011年　第249回例会（学生会員研究発表会）
　○「『古事記』における反乱伝承」
　　　　　　　　　　　　　　（早稲田大学大学院教育学研究科　長澤祥子）
2012年　第253回例会（学生研究発表会）
　○「『古事記』『穀物起源神話』におけるスサノヲ像」（早稲田大学大学院教育学研究科　鈴木琢麻）

　1969年発行の『早稲田大学国語教育学会会報』第8号では『万葉集』の特集が組まれており、また同会報には大会の告知が次のように掲載されている。

　六月大会のお知らせ
　テーマ　万葉集の諸問題
　一，講師及び演題

万葉の「場」― その扱い方二，三
　　　　　　　早大高等学院　都倉義孝氏
　　人麿における「死」
　　　　　　　成城大学　　中西　進氏
　　東歌における労働民謡
　　　　　　　早稲田大学　　谷　　馨氏
　　　　　司会　立正女子大学　山崎正之氏
一，日時　六月二十一日（土）午後二時開会
一，場所　早稲田大学十五号館二〇二教室
ひきつづき総会・懇親会を予定しています。会員諸兄の多数のご参加を願い上げます。なお，出張依頼状をご希望の方は事務局までお申越し下さい。

しかしながら，この大会は学生運動のために中止となったらしく，そのことが『会報』第7号（本誌には6とあるが7の誤りであろう。1969年12月発行）の〈学会短信〉の欄に，以下のようにある。

　六月大会を中止するのやむなきに至ってから，はやくも半歳が過ぎ去ろうとしています。あわただしい諸情勢の中で，なんとか会を持ちたいと考えながら，不如意な日日を送ってきました。むずかしい問題が山積しており，事態はけっして明るくはありませんが，ともかくも，いちど皆さんにお集りいただくことにいたしました。教室での話題，職場での問題等々，お持ち寄り下さるようお待ちいたします。

翌1970年5月の第48回「例会案内」の葉書には，以下のようにある。

　六月は大会を予定しております。安保問題をかかえて，大会の運営にはまたいろいろ考えねばなりませんが，なんとか充実したものを持ちたいものです。

第49回大会は中西・谷という当代を代表する万葉研究者による講演会として実現した。学生運動のさなか，『会報』での特集から2年がかりで『万葉集』をテーマとした学会活動が行われたのである。

　『古事記』に関する研究も早くから見られる。「会報」では創刊号に山崎の論考があり，例会発表としては1972年に黒川，1974年に後藤の発表がある。これらの発表は「会報」掲載の「口頭発表要旨」によっておおよその内容を知ることができる。山崎「古典の現代語訳 ― 三重吉「古事記物語」をめぐって ―」は，古典の「口語訳」と「現代語訳」の問題を『古事記』を例にとって指摘したものである。教科書に載録されている「口語訳」は，古文を現代語に逐語訳しただけのものであり，「原作品をズタズタに寸断してそのまま」のものだという。一方で鈴木三重吉の「古事記物語」など，原作品に基づいて書かれた「現代語訳」があり，そこには完結した一つの「古事記像」が認められるが，それはあくまでも三重吉という作者が創作した新しい「作品」であることを指摘する。論者は，教材としての後者の有効性や問題点などに言及してはいないが，現代語訳を通して古典を教えることの難しさを示す論考である。黒川「古事記を教えること」は，現行国語科の教材として上代文学とりわけ『古事記』の占める割合が著しく低いことを指摘し，十数世紀にわたる日本人の精神史の基礎に当たるところの教育の必要性を主張している。後藤の論考では，その副題が示すように，本格的な『古事記』の授業案までが提示されている。そして，教材『古事記』の問題は，2001年の松本の論文および発表に引き継がれる。松本は，『古事記』上巻の〈神話〉（ここでは共同体レベルの神話と，特定の意図を持って創作されたそれとを区別して，後者を〈神話〉と表す）が大和王権国家の由来と正当性を主張するために，大和王権の手によって創作された極めて政治的な〈王権神話〉〈建国神話〉であり，この列島の上で古代人たちが伝承（口承）していた純粋な神話ではないこと，ただし純粋な神話を資料としている部分も多く，〈王権神話〉の古層には古代人達の精神世界が垣間見えることを指摘し，『古事記』の〈神話〉を少なくとも二層で読み解くことが必要であることを説いた。

かつて皇国史観に基づいた解釈によって『古事記』が教材の花形のごとき扱いを受けていたが、これは1300年に及ぶ『古事記』の享受史のほんの僅かな期間における、『古事記』暗黒の時代であるといってよい。そして終戦後は反動的に『古事記』が主要な教材の中から排除され、それが近年にまで及んできた。これら二つの「空白期」は、現在の国語教育界にとって甚だ大きな負の遺産だといえる。新学習指導要領において「伝統的な文化」の教育が謳われ、そこには『古事記』所載の〈神話〉が含まれるという。ただ『古事記』をどう読み、どう教えるかは容易な問題ではない。大和王権はいわば偽物の〈神話〉を作って、それを偽共同体としての国家の規範としたわけだが、その際には、この列島の上に存在した共同体ごとに、それぞれ民衆が口承していた神話が利用された。神話はかつて共同体のイデオロギーそのものであったが、大和王権はそれを利用しながら国家イデオロギーを作り、列島を覆ってしまおうとしたのである。そしてそうした営みの背景には、この列島の内外における政治的な事情が存在した。「大化」に始まる独自の年号の制定、唐令に倣いながらの自前の「律令」の制定、「日本」という国号や「天皇」号の制定などは、中国の王朝による冊封からの事実上の離脱宣言に他ならない。また、国内では大化の改新、壬申の乱などの激動があった。『古事記』や『日本書紀』という国史の編纂は、大和王権が自ら営もうとする国家のアイデンティティを自覚し、それを内外に示すという動きの一環なのである。『古事記』を扱うことは、「国家」とは何か、「日本」とは何かを見つめることに等しいのである。『古事記』の何をもって、何における「伝統」とすべきなのか。「国家」があることが当然の前提ではない時代の産物として『古事記』を見ることが、その教材化において不可欠なことである。

　新学習指導要領のもと、古典とりわけ上代文学の教材としての扱い方が、これまで以上に問われることになるが、発足当初から古典教材を積極的に扱ってきた当学会の研究の積み重ねが、国語教育界に寄与するところは大きい。

3　「国語教育」と「教材研究」の両輪

　「現代文・古典の教材研究」「文学教育」の分野の研究が行われる中で，「国語教育」を前面に押し出した研究は，1980年代後半から盛んになり，2010年以降は全分野の中で最も高い割合になっている。学習指導要領の改訂に絡んだ研究発表としては，1978年の第106回例会における山崎賢三「多様化時代の教育課程 ― 新学習指導要領について」などがあり，また「会報」4（1969年2月）の杉野要吉の論「人間の復活 ― 国語教育の歪曲に抗して」など教育行政に対する批判的な発言もあったが，学会として学習指導要領をめぐる研究が盛んになされるようになったのは，1989（平成元）年の改訂時からである。さらに，2008（平成20）年〜2009（平成21）年における改訂に際しては，2年連続して大会シンポジウムのテーマとして取り上げられた。1989年以降のものを次に掲げておく。

　1989年　第158回大会
　　学習指導要領の改訂をめぐって
　　○「啓蒙 ― 文化 ― 社会 ― 個人」（早稲田大学　藤原宏）
　　○「〔言語事項〕の指導と『現代語』」（文部省　北川茂治）
　1992年　第173回例会
　　○「新課程の国語科教育と授業の改善」（早稲田大学　大平浩哉）
　1998年　第194回例会
　　○最終講義「国語教育改革の課題」（早稲田大学　大平浩哉）
　2000年　第205回例会
　　○「国語科における総合学習」（早稲田大学大学院　浅見優子）
　　○「移行期の『総合的な学習』― 公立中学における現状と課題 ―」
　　　　　　　　　　　　　　　　　　　（川越第一中学校　伊藤博）

2009年　第240回大会
　　シンポジウム：伝統文化の教育とは何か ― 新「学習指導要領」をめぐるシンポジウム ―
　　パネリスト：文部科学省　冨山哲也，春日部市立武里南小学校　深谷幸恵，千代田区立麹町中学校　酒井雅子，都留文科大学　牛山恵
　　司会：聖学院大学　熊谷芳郎
2010年　第244回大会
　　シンポジウム：新学習指導要領を見据えた「言語活動」
　　パネリスト：横浜国立大学　高木まさき，開成高等学校　葛西太郎，学習院中等科　岩﨑淳
　　司会：早稲田大学本庄高等学院　吉田茂

　2008〜2009年改訂は，「総合学習」「言語活動」「伝統的な文化」など国語科に直接関係する内容であり，そのことがシンポジウムのテーマを設定する上で，大きく働いたことは否定できないだろう。ただ，それ以前にも「道徳」の導入（1958〜1959年改訂）や「教育内容の現代化」（1968〜1970年改訂）など国語科としての対応を検討すべき改訂は行われていたのであり，学習指導要領改訂に対する積極的な取り組みは当学会の新しい傾向として認めることができる。そして，シンポジウムでも，テーマを設定した研究発表会（第205回例会）でも，必ず大学院教育学研究科に関係する教員や，同研究科に在学する大学院学生が係わっていることからして，この新しい傾向の背景には，大学院教育学研究科の設立（1990年修士課程・1995年博士後期課程）と，それに伴う国語教育を専門とする専任教員の配置があるものと思われる。早稲田大学において，「国語教育」が，教材としての文学研究から自立して，一つの研究分野としての確固たる地位を獲得したことを示しているものといえる。かくして，発足当初からの「文学研究・教材研究」と1989年以降に急速に盛んになった「国語教育」研究とが両立する形で，当学会を支えるに至っている。

4　国語教育学会と教育学研究科国語教育専攻

　2013年4月現在の教育学研究科国語教育専攻（修士課程国語教育専攻・博士後期課程教科教育学専攻国語教育分野）の在学生数を研究指導別に示すと次の通りである。

「国語教育研究指導」3講座（うち1講座は1年制修士課程）
　　　博士後期課程4　修士課程12　研究生7
「日本語学研究指導」1講座
　　　博士後期課程2　修士課程2　研究生1
「国文学研究指導・上代」1講座
　　　博士後期課程1　修士課程5
「国文学研究指導・中古」1講座
　　　博士後期課程2　修士課程8
「国文学研究指導・中世」2講座
　　　博士後期課程3　修士課程5
「国文学研究指導・近世」1講座
　　　博士後期課程4　修士課程6　研究生1
「中国文学研究指導」1講座
　　　博士後期課程2　修士課程1
「国文学研究指導・近代」4講座
　　　博士後期課程15　修士課程17

　国語教育・古典文学の諸分野・近代文学・中国文学・日本語学と幅広い分野に，バランスよく学生が所属している。国語教育学会における研究分野の傾向と，前に見た教育学部国語国文学科のカリキュラム構成，そして教育学研究科国語教育専攻の構造とがまさに一致している。50年に及ぶ国語教育学会の歴史

は教育学部国語国文学科と共にあり,そして現在の教育学研究科の基礎となっていることを示しているといえよう。

第6章

機関誌『早稲田大学国語教育研究』から見る早稲田大学国語教育学会の歩み

李　軍

　早稲田大学国語教育学会機関誌『早稲田大学国語教育研究』は1981年に第1集が誕生し，毎年一号ずつ定期的に発行され，2013年現在34年目を迎えようとしている。学会の設立（1963年）当初から開催されてきた250回以上の例会・大会（以下，例大会と称する）と比べるとその歴史はまだ浅いが，例大会と共に学会の活動を支える二本柱の一つとして重要な役割を果たしてきた。

　本章では，機関誌『早稲田大学国語教育研究』の第1集～第33集を考察の対象とし，その構成の面と内容の面における歴史的変遷を分析して，1981年以降の早稲田大学国語教育学会の運営方針，特色および学会活動における機関誌の役割を探る。

1　『早稲田大学国語教育研究』の構成上の歴史的変遷

　機関誌『早稲田大学国語教育研究』の誕生に先立って，『早稲田大学国語教育学会会報』（以下，『会報』と称する）が刊行されていた。『会報』に収録され

た原稿は，内容によって以下のように分類できる。
　①日本文学および日本語学の研究に関するもの。
　②国語教育実践に関わるもの。
　③近況報告など，会員相互の親睦を深めるのに資するもの。
　④例大会の研究発表内容に関するもの。
　⑤発表者および原稿募集の案内，さらに事務的な内容に関するもの[1]。
　この『会報』の内容をより充実させるために，機関誌『早稲田大学国語教育研究』が刊行されるようになったのである。そして，『早稲田大学国語教育研究』は『会報』の編集方針を継承し，その内容をさらに発展させてきた。
　本節では，『早稲田大学国語教育研究』の構成内容に着目して，どのような工夫を重ねて，今日の姿に辿り着いたのかを見ることにする。第1集から第33集の構成を次の表6-1に示す。なお，比較しやすくするために，論文・講演・特集論文・シンポジウムなどを一つの項目として捉える。便宜上，掲載順序を変えて提示した箇所もある。また，数字は算用数字に統一した。

表6-1　『早稲田大学国語教育研究』既刊号の構成一覧表

既刊号	項目				
第1集	教材研究・実践報告	会員だより		文献紹介	
第2集	教材研究・実践報告			文献紹介	早稲田の国語教育
第3集	教材研究・実践報告				早稲田の国語教育
第4集	教材研究・実践報告				随想風に
第5集	教材研究・実践報告		現場からの報告		
第6集	論文	実践報告	現場からの報告	書評	
第7集	論文	実践報告	現場からの報告		
第8集	論文	実践報告	現場からの報告		例会発表要旨
第9集	論文	実践報告	現場からの報告		例会発表要旨
第10集	論文	実践報告	現場からの報告		例会発表要旨
第11集	論文	実践報告	現場からの報告	書評	例会発表要旨
第12集	論文	実践報告	現場からの報告	書評	例会発表要旨
第13集	論文	実践報告	現場からの報告 会員便り		

第6章 機関誌『早稲田大学国語教育研究』から見る早稲田大学国語教育学会の歩み

集						
第14集	講演・論文		現場からの報告	紹介		
第15集	講演・特集[2)]・論文		現場からの報告	書評	例会発表要旨
第16集	論文・特集	実践報告	現場からの報告	ほんだな	例会発表要旨 活動報告
第17集	論文	実践報告	現場からの報告	ほんだな	例大会活動記録 研究会活動報告
第18集	特集・論文		現場からの報告	ほんだな	活動記録
第19集	論文	実践報告	現場からの報告	書評・紹介	1998年度活動記録
第20集	特集・論文	実践報告	現場からの報告	書評	例大会記録 1999年度活動記録
第21集	特集・論文	実践報告	現場からの報告	ほんだな	2000年度活動記録
第22集	特集・論文	実践報告	現場からの報告	新刊紹介	2001年度活動記録
第23集	特集・論文・講演・情報		現場から	書評	2002年度活動記録
第24集	特集・論文		現場から	新刊一覧 新刊紹介	2003年度活動記録
第25集	特集・論文	実践報告	現場から	新刊一覧 新刊紹介	2004年度活動記録
第26集	特集・論文・情報	実践報告	現場から	新刊一覧 新刊紹介	2005年度活動記録
第27集	特集・論文	実践報告	現場から	新刊一覧 新刊紹介	2006年度活動記録
第28集	特集・論文	実践報告	現場から	新刊一覧 新刊紹介	2007年度活動記録
第29集	特集・論文	実践報告	現場から	新刊一覧 新刊紹介	2007・2008年度活動記録
第30集	特集・論文	実践報告	現場から	新刊一覧 新刊紹介	2009年度活動記録
第31集	特集		現場から	新刊一覧 新刊紹介	2010年度活動記録
第32集	特集Ⅰ・特集Ⅱ・論文		現場から	新刊一覧 新刊紹介	2011年度活動記録
第33集	特集・論文		現場から	新刊一覧 新刊紹介	2012年度活動記録

早稲田大学国語教育学会の特色について，町田守弘（2013）は次のように述べている。

　学会の最大の特色として，教科の内容学としての文学・語学研究と教育学としての国語教育研究との交流，そして研究と実践との交流という点を指摘することができる。これが，そのまま「早稲田大学における国語教育」の特色につながるものと思われる[3]。

ここで示されている「内容学と国語教育研究の交流」と「研究と実践の交流」といった特色は，機関誌『早稲田大学国語教育研究』の中にも反映され，脈々と引き継がれている。
　表6-1で示したように，『早稲田大学国語教育研究』は概ね「論文・特集論文」，「実践報告」，「会員だより・現場からの報告・現場から」，「書評・新刊紹介」，「例会発表要旨」または「該当年度の活動記録」の五つの分野から構成されている。表6-1の内容を分析・考察する前に，『早稲田大学国語教育研究』に掲載されている論文や実践報告はどのような形で集められたのかについてまず検討しておきたい。
　表6-1で示したように，第1集から第5集までは「教材研究・実践報告」を一つの枠として論文を掲載していたが，それ以降は「論文」と「実践報告」を別枠として掲載している。その原因の一つは，原稿募集が開始され，その募集要項での企図が影響していると考えられる。『早稲田大学国語教育研究』の原稿募集要項が初めて掲載されたのは第7集である。その中に，「四百字詰原稿用紙三十枚の論文」「原稿用紙十枚程度の実践報告（まとまった内容でなくても結構です。新しい教育実践の中間報告などを期待しています）」「日々の教育の中で感じておられる喜び，悩み，現場からの近況報告，その他いろいろなご感想などを，原稿用紙二～三枚にまとめてください（掲載の際には匿名も可）」と記し，「論文」「実践報告」「現場からの報告」への投稿を呼びかけている。この原稿募集要項は第15集まで踏襲されている。さらに第16集では「論文」「実践

報告」が太字になって強調されるようになり，第17集からは「論文」と「実践報告」の原稿募集要項が統一され，「四百字詰原稿用紙十〜三十枚程度の論文・実践報告」（「論文」「実践報告」は太字のまま）と改訂された。そして，第23集から裏表紙に具体化された原稿募集要項が掲載されるようになり，新しくなった募集要項では，1ページの字数・行数，論文全体のページ数，投稿締切，提出の仕方，次集の特集テーマ，「特集内」「特集外」の原稿募集内容などが明記されている。これを踏まえて，第24集では，「論文・実践報告」「現場から」と項目を立てて投稿規定がさらに明確に提示されるようになった。「論文・実践報告」のページ数に関して，第23集の募集要項では12ページとしたが，第24集からは20ページになっている。第25集以降は，「次集のテーマ」「募集要項・執筆規定」という順で体系化された募集要項が提示されている。第30集までは特集テーマのタイトルのみ示されていたが，第31集からは次集の特集テーマ設定の趣旨文が掲載されるようになった。このように，原稿募集要項は，年を重ねて，次第に充実させ，より明確かつ具体的になっていった。

　第6集の「編集後記」（岡本卓治）では，「原稿集めに苦労したというのが実感である。会員名簿に盛られた多士済々ぶりからすれば，どんな誌面でも思いのままに構成できそうなものだが，諸情報にうといにわか編集者の悲しさで，誰方にどんなお願いをすればよいのか見当もつかない」と書かれている。第7集の原稿募集要項掲載までには，依頼原稿をもって機関誌を編集していたことが読み取れる。第7集からは上記の原稿募集要項に基づき，会員の投稿論文が増えていった。例えば，第24集の「編集後記」（箕輪武雄）では，投稿論文の様子について，「今回，特集外の投稿論文が十本あり，活況を呈したことは編集に携わる者として喜ばしい限りである」と書かれている。第18集，第20集以降の特集外の論文の多くは投稿論文である。『早稲田大学国語教育研究』は会員の研究成果や実践体験を積極的に発信する場として活用されている。

　「理論ばかりが先行するのではなく，確かな実践を積み重ねながら着実に歩むという姿勢を，わたくしたちは忘れてはならない」と第1集の「編集後記」（町田守弘）の中で指摘されたように，『早稲田大学国語教育研究』の編集に当

たって，創刊当初から理論と実践を共に重視するという方針が打ち出されている。それに基づき，『早稲田大学国語教育研究』では，第5集から「現場からの報告」，第6集から「実践報告」という項目が設けられ，教育現場の生の声を届け，会員間の交流を図ろうとする姿勢を示している。

一方，第1集から設けられた「文献紹介」「書評」「新刊紹介」は，会員の著書を紹介し，情報を提供するコーナーとして長年続けられてきた。そして，第8集から第16集までは「例会発表要旨」，第16集から今日までは「該当年度の活動報告」が掲載されており，例大会などの成果や講演の内容記録を努めて心がけている様子が窺える。

また，第18集，第20集以降の特集テーマ設定においては，国語教育の今日的課題を提示し，会員の認識を深め，課題解決の工夫を交流する場を与えることで，早稲田大学における国語教育の研究成果をさらに発展させようとする趣旨が見て取れる。

本節では，機関誌『早稲田大学国語教育研究』の構成上の歴史的変遷を見てきた。次節以後は，「会則の改正」「現場から」「編集後記」「特集テーマ」など内容の面について分析・考察する。

2　早稲田大学国語教育学会会則の改正

早稲田大学国語教育学会設立総会は1963年10月5日に開催され，その式次第に「会則審議」「会長・副会長・顧問・運営委員選出」「講演　早大教授　時枝誠記先生」などの内容が示されている。そして，「第一回例会（十一月）のおしらせ」には，「国語教育に関する研究ならびに会員相互の親睦を目的としてあらたに十月発足しました早稲田大学国語教育学会は，すでに会員二百名を越え，前記のように，第一回例会を開くはこびとなりました」という情報が記されている。学会設立当初に審議された会則は，のちに幾度か改正された。

本節では，機関誌『早稲田大学国語教育研究』に掲載された会則の改正版に着目し，その6回の改正における変更内容を分析の対象とし，学会全体の運営

第6章　機関誌『早稲田大学国語教育研究』から見る早稲田大学国語教育学会の歩み　111

方針の歴史的変遷を探ってみたい。

2－1　1983（昭和58）年改正の会則

1983（昭和58）年6月に改正された会則が初めて掲載されたのは第4集の最後のページであった。下記の原文を参照されたい。

早稲田大学国語教育学会会則
（昭和五十八年六月改正）

第一条　本会は、早稲田大学国語教育学会と称する。
第二条　本会の事務所は、早稲田大学教育学部内に置く。
第三条　本会は国語教育に関する研究、並びに会員相互の親睦をはかることを目的とする。
第四条　本会は、前項の目的を達成するために、つぎの事業を行なう。
　一、研究会・講演会などの開催。
　二、研究授業および授業参観。
　三、機関誌の発行。
　四、その他。
第五条　本会に、国語教育に関心を有する早稲田大学の教員（旧教員を含む。）を会員とする。
第六条　本会は、つぎの役員をおく。
　代表委員（一名）
　委員（若干名）
　事務（二名）
第七条　本会に顧問をおくことができる。
第八条　役員は、総会において会員のなかから選出する。
第九条　役員の任期は一年とする。但し、重任を妨げない。
第十条　会員は所定の会費（年額二千円）を納めなければならない。
第十一条　本会は、総会によって運営する。
第十二条　本会は、年一回総会を開く。その他必要に応じ、臨時会を開くことができる。
第十三条　本会の会計年度は、毎年四月一日からはじまり、翌年三月三十一日をもって終わる。
第十四条　この会則は、総会の議決によって変更することができる。

この改正版では、学会名、事務局の所在地、学会の目的、目的を達成するための活動、会員の資格、学会役員の設置、役員の任期、学会費、総会の開催、会計年度、会則変更の手続きなどの内容が記されている。

この改正版の第二条の「本会は国語教育に関する研究、並びに会員相互の親睦をはかることを目的とする」といった内容は上記の第一回例会の案内状に書かれている内容を踏襲している。そして、第四条では、「本会は、前項の目的を達成するために、つぎの事業を行なう」とし、「一、研究会・講演会などの開催」「二、研究授業および授業参観」「三、機関誌の発行」「四、その他」を挙げ、学会活動の具体的な内容を明記している。実際、1963年学会創立当初から1983年までの20年間で、例大会は130回も開催されていた。そして、念願の

機関誌『早稲田大学国語教育研究』は1981年に発行される運びとなった。

2-2　1986 (昭和61) 年改正の会則

　機関誌に掲載された会則が2回目に改正されたのは1986 (昭和61) 年6月であった。この改正版は第7集に初めて掲載され，内容が改正されたのは第三条のみであった。上記の1983年版の第三条の「本会は国語教育に関する研究，並びに会員相互の親睦をはかることを目的とする」が「本会は国語教育に関する研究，会員相互の親睦，並びに後進の育成をはかることを目的とする」に改正され，「後進の育成をはかる」という内容が新たに加えられた。

　第7集から原稿募集要項が掲載されるようになったことは本章第1節で述べたとおりである。この原稿募集要項からも1986年版の改正内容，すなわち，若手の研究者や教育者を育成するという趣旨を窺うことができる。

2-3　1988 (昭和63) 年改正の会則

　会則の3回目の改正は1988 (昭和63) 年6月で，初めて機関誌に掲載されたのは第9集であった。この改正版では，三か所が改正された。

　一つ目は，第四条の学会活動について，従来の「研究会・講演会などの開催」が「大会・例会・研究会・講演会などの開催」に改正され，例大会の活動が明記されるようになったことである。それまでは，例大会の活動は「研究会」という名称で統一されていたが，早稲田大学国語教育学会の活性化を図るために，1988年7月に「国語教育史と実践に学ぶ会」の第1回研究会が開催され，そのことがきっかけで，「大会・例会・研究会」に使い分けられるようになったのである。そして，1991年9月に「古典教育研究会」第1回研究会，2003年12月に「朗読の理論と実践の会」第1回研究会，2005年10月に「愛知県支部」第1回研究会が次々と開催され，例大会の活動や機関誌の刊行に加えて，三つの部会と一つの支部による各分野での活発な研究活動が行われていった。

二つ目の改正は，第九条の役員の任期についてである。第九条では，従来の「役員の任期は一年とする」が「役員の任期を二年とする」に修正されたのである。

　三つ目の改正は，新たに加えられた第十条である。第十条では，「本会は，会務および事業を推進するために，事務局・編集委員会等をおく」とある。事務局と編集委員会の新設は，学会運営や活動の推進および機関誌の刊行により一層力を注ぎ，学会全体の構造を体系化していく姿勢を示している。事務局のメンバーや編集委員の交代を考慮する場合，最低二年間の任期が必要となってくる。したがって，第十条の改正内容は第九条の役員任期の延長にも繋がっていると考えられる。

2 - 4　1998（平成10）年改正の会則

　会則の次の改正は1998（平成10）年6月で，それが掲載されたのは第19集であった。

　この改正版では，1988年版の第十一条の「会員は所定の会費（年額二千円）を納めなければならない。但し，学生会員は半額とする」の中の会費の金額が削除されただけで，改正前の内容とほぼ同じであった。

2 - 5　2008（平成20）年改正の会則

　機関誌『早稲田大学国語教育研究』における会則の第5回の改正は2008（平成20）年6月で，改正版が公表されたのは翌年に発行された第29集であった。この改正版では，本文の内容は1998年版とまったく同じで，付則が新たに加えられただけであった。

　付則は「第一条，入会を希望する者は，入会申込書を事務局に提出し，所定の会費を納入する」「第二条，会費の滞納，又は住所不明が三年以上に及ぶ会員は，退会とする。会費滞納により退会となった者は，未納会費を納入するこ

とで会員に復帰することができる」の二つの内容からなっており，会員管理に関する規則が明記されている。

2-6　2012（平成24）年改正の会則

次の改正は2012（平成24）年6月で，掲載されたのは第33集であった。この改正版では，学会所在地の具体的な住所と学会設立日が新たに加えられた。事務局会議の議事録によると，郵便局の振込口座を開設するために必要不可欠な改正であったとのことである。

このように，機関誌に掲載された早稲田大学国語教育学会会則は6回の改正を経て，学会運営の道しるべとしての役割を果たしてきた。会則の改正内容だけでは，学会が歩んできた道の全貌を見ることはできないが，しかし，少なくとも学会の運営方針や学会の活動の概況を垣間見ることができよう。すなわち，会則の改正を辿ることで，学会の目的を達成すること及び学会活動を順調に運べるようにするために，代表委員や学会委員，事務局，編集委員会の役員が協力し合って，例大会や各部会の活動及び機関誌の内容を充実させつつ，理論研究や教育実践に携わる先学と後進に交流の場を提供し，早稲田大学における国語教育の更なる進歩を目指していることが見て取れる。

3　「現場から」の生の声

会員間の交流や情報交換を重視することは早稲田大学国語教育学会のもう一つの特色といえよう。例えば，学会に残された最も古い例大会案内の葉書は1966年5月の例会案内葉書であるが，その中に例会の研究発表の題名，発表者，開催日時および開催場所のほかに，「学会短信」というコーナーも設けられている。このコーナーでは，最初例会の報告や事務連絡が中心になっていたが，その後，逝去された先生への哀弔や国語教育に関するエッセイなどが寄せられるようになった。

第6章　機関誌『早稲田大学国語教育研究』から見る早稲田大学国語教育学会の歩み　115

　機関誌『早稲田大学国語教育研究』も，会員の様々な意見や教育現場で感じている喜び，悩み，現場からの近況報告，その他いろいろな感想を大切にしているという編集方針は本章第1節の「原稿募集要項」の内容の中ですでに触れたとおりである。第1集の「会員だより」や第5集以降の「現場からの報告」，第23集からの「現場から」というコラムの設置は，まさにこの編集方針を貫いた証である。

　本節では，「会員だより」や「現場からの報告」「現場から」の中から年代順に幾つか抜粋して，それらを通して，各時代における国語教育の課題や学習者の実態および現場教員の工夫を探ってみたい。

　第1集の「会員だより」（今村俊介）では，「新入生失語症」という話題が出ている。「先生，これ」「これって何だ」「日誌」「日誌がどうかしたか」「日直だから」「だから，何？」「……」といったような師弟間のやりとりが冒頭に書かれ，名詞だけ口にするような中学校1年生の実態に頭を悩ませる先生の姿が描かれている。

　第6集の「現場からの報告・現在の課題」（若林昭夫）では，『国語Ⅰ』『国語Ⅱ』として扱う領域の総合的指導のあり方を課題として挙げ，「高校では現代文と古文にはそれぞれ専門の教員を配属し，総合として扱うことをしていない。しかし，中学では古文教材が少ないため，『国語』の範囲で押さえ，特に分割授業は必要ない。その中学と高校の授業を連続して捕らえようとするのであるが，分割や総合の是非の問題が残る」とその理由について述べている。国語科科目の問題や中学校・高等学校の連携問題および中学校における漢文の扱い方に対する懸念が示されている。

　第11集の「現場からの報告・おもろい国語を目指して」（山村文人）では，「国語の授業が面白くない」の理由について，「教材そのものが面白くない」「教師の教え方，語り方が面白くない」と二通り挙げ，後者の改善法として，言葉を面白く伝えるための工夫を探るべく，「寄席や芝居に通ってもよい，テレビのお笑い番組からでも多く学べる」と提案している。決められた教材を扱うという受身的な立場にありながらも，それらの教材を面白く指導することが

教師の使命であると示唆している。

　第16集の「現場からの報告・国語科と国語課」(野村敏夫)では，「言葉遣いに関すること」「情報化への対応に関すること」「国際社会への対応に関すること」の三つの柱から成る「新しい時代に応じた国語施策について（審議経過報告）[4]」と文化庁による「国語に関する世論調査[5]」を取り上げ，「言語生活の改善について，学校教育に対する国民の期待は大きい。新しい時代に応じた言葉遣いや国語力の在り方，言語環境としての学校の在り方などについて，学会でも研究が進められることを期待したい」と述べている。この報告では，携帯やパソコンの普及やインターネット使用の急上昇に伴い，社会，学校，家庭といった言語環境が変わりつつある中，どのように国語力を培っていくのかという国語教育の今日的な課題を提示し，「現在国語課[6]にいることによって得られる行政的な視野や全国的な情報などを生かし，言語観や教育観を磨き，国語や国語教育についての考えを深めていければと思っている」と締めくくっている。

　第20集「現場からの報告・活字離れと生徒」(小玉哲也)では，「十数年生きてきて，教科書以外の本を，ほとんど読んだことがなく，好きな話はドラえもん，という中学生がいる。……彼らは長い文章に対して強い抵抗感がある」と指摘し，その理由として，「第一に，彼等は，二，三行の文章を読むと，その前に書いてある内容を忘れてしまう。というより，最初から関連付けて読んでおらず，ただ字面を追っているだけなので，文章の内容を理解できない事が多いのだ」「第二に，知っている語彙が圧倒的に少ないので，少し難しい言葉が出てきたら，意味が分からなくなり，そこから先を読むことができなくなってしまう」「第三に，教科書的な文章（道徳，友情などをテーマにした，彼等のいうところの「くさい話」）に対して強い反発がある。そして，そのような文章を読むことは，格好悪いと思い込んでいる場合が多いのである」ことを挙げ，「他にも，集中力が続かないとか，情景を思い浮かべるための想像力が欠けているなども要因として挙げられるであろう」と付け加えている。読書に対する苦手意識，強い抵抗感，興味・関心を持たない学習者を目の前にして，筆者は「指

名補習の時の教材としては、できるだけ短く、分かりやすく、しかも面白い内容の話を使うことにした」「できるだけ多くの話に触れ、純粋に読むことの喜びを知ってもらうために、読書後の作業はほとんど行わないようにした」などの工夫を試みた。活字離れが進んだといっても、教員の工夫次第、国語科の授業で読書の魅力や楽しさを感じさせ、もっと読書が好きになる学習者を増やすことができるのではないかと筆者は説いている。

　第27集の「現場から・高校の現場から」（内藤剛）では、「もう夏休みだーっ！（「夏休み」の誤り）」や「ゴミ捨いしました！（「ゴミ拾い」の誤り）」「今日わあつかった！（「は」を使わずあえて「わ」を使う）」のような高校生たちの誤字例や誤用例を挙げ、「今どきの高校生。確かに、偉い評論家諸氏が書くような難解な文章は嫌いだが、一方では、ケータイのメールでおじさんおばさんがまったくもって理解不能な暗号文をスラスラ打つ。私たち大人の多くが、その「若者言葉」をわざわざ理解しようとは思わないように、高校生の大半も「おじさん言葉」を学ぶ意義を見いだせないのだろう。その意義を説きながら、大人の考えを生徒たちに噛み砕いて伝えていくのが、私たち教師の仕事である」と学習者の実態や国語教育における今日的な課題を述べている。このような学習者を飽きさせないために、筆者は、小説の挿絵を描かせたり、漫画の登場人物の関係図を書かせたり、歌詞を味わってもらうために音楽CDを流したりして、様々な工夫を試みて、学習者の国語科授業に対する興味・関心の喚起を心がけている。

　第33集の「現場から・国語教室での課題 ― 表現する内容とその質」（齊藤真了）では、表現力の向上を目指し、表現意欲を喚起する学習材としての短歌創作学習を提案している。筆者が求めている短歌創作学習は、自分の思いを言葉に託す、それを友だちが読み、共感するというものであった。筆者の齊藤は、2006年に早稲田大学町田守弘研究室メンバーと共に実施した「中学生・高校生の言語活動と言語生活に関する意識調査」では、「国語教室では「読むこと」に比重が置かれた授業が展開されていること、「書くこと」や「話すこと・聞くこと」に対して苦手意識を抱いている学習者が多いこと」という調査結果が

出ているが,「あれから数年が経ち,学習者の表現に対する意識が少し変化しているように思う。ケータイ電話やパソコンが日常生活に定着したため,自分の思いを進んで発信することが以前に比べて,不得意ではなくなっている」と学習者の現状を認識した上で,短歌創作学習を見直す姿勢を示している。表現意欲の喚起や表現力の向上は,時代とともに変わりつつある言語生活に合わせて,新たな工夫を凝らす必要があると筆者は認識している。

　本節では,上記の七つの報告を通して,機関誌創刊当初から今日に至るまでの学習者の実態やいつの時代でも存在している国語教育の課題(科目の問題,教材の問題,読書の問題,語彙の問題,漢字の問題,興味・関心の問題,表現の問題など)を見てきた。このように,「会員だより」「現場からの報告」「現場から」では,一人ひとりの会員が置かれている教育現場の状況を反映するだけでなく,その時代その地域その学校の全体像を垣間見ることもできよう。機関誌『早稲田大学国語教育研究』が創刊以来,ずっとこのようなコラムを設けてきたことは,国語教育研究や実践に携わる者に国語教育の現場の厳しさ,楽しさ,様々な工夫や試行錯誤を知ってほしいというねらいが込められているといえよう。

4　「編集後記」から見る機関誌の成長過程

　機関誌『早稲田大学国語教育研究』が創刊から33年間歩んできて,一度も欠かさなかったのは各集の最後に掲載されている「編集後記」である。「編集後記」は,その年度の主題設定,編集方針,原稿執筆依頼などを決める編集委員によって書かれたもの(編集委員長が「編集後記」を執筆することが多い)なので,その中には,それぞれの刊行年度の国語教育を取り巻く社会的環境の変化や国語教育の今日的課題について書かれたものもあれば,学習指導要領など教育政策の変動による教育現場の状況について記されたものもある。そして,編集作業の大変さや投稿状況について語るものもあれば,定年退職された教員への感謝や協力してくれた執筆者への謝辞に関する内容もある。

第6章　機関誌『早稲田大学国語教育研究』から見る早稲田大学国語教育学会の歩み　119

　本節では，幾つかの「編集後記」を取り上げて，社会的背景や教育現場の実態および国語教育の今日的課題について分析し，機関誌『早稲田大学国語教育研究』はどのような方針で編集されてきたのか，そして，早稲田大学における国語教育研究にどのような形で関わってきたのか，その成長過程を探ってみる。

　第1集の「編集後記」(町田守弘)は本章第1節にも触れたが，『早稲田大学国語教育研究』が本学会の機関誌として誕生するまでの経緯が記されているので，ここでは，もう一度その内容を取り上げてみたい。

　第1集の「編集後記」では，「早稲田大学国語教育学会の「会報」の内容をより充実させて，一つの「学会誌」として発行することは，かねてからの懸案であった」「早稲田大学においては，国語・国文学の研究に比して，国語教育に関する研究がやや遅れ気味ではないかという懸念がある」と，『早稲田大学国語教育研究』の創刊の背景について語っている。そして，「小誌が，早稲田大学の国語教育研究発展のための一助となることができれば幸いである」「理論ばかりが先行するのではなく，確かな実践を積み重ねながら着実に歩むという姿勢を，わたくしたちは忘れてはならない」「第二集から編集委員会を設けて，一年度一冊の定期刊行を徹底させたい」と，この機関誌が果たすべき役割と「理論と実践の二本柱を重視する」「年に一冊発行する」といった編集方針を明記している。「理論と実践を重視する」といった編集方針は前述の表6－1にも示したように，「教材研究・実践報告」(第1集〜第5集)，「論文・実践報告」(第6集〜第33集)という形で受け継がれてきた。

　第6集の「編集後記」(岡本卓治)の前半では，「編集態勢の充実のためには，会員諸氏の研究や実践に関する情報をできるだけたくさん収集しなければならない。それは本学会の活動のもう一本の柱である例会の充実にもつながることだが，これがなかなかに難かしい」（ママ）と機関誌と例会の連携について語る一方で，原稿収集の困難さを示している。原稿が集まらない理由の一つとして，「教材の話なら教師の見識で済ませられるが授業の展開に関しては教師の全人格が問われることになるからだろうか。なんとなくタブー視されるところがあって話題になりにくい」を挙げ，そんな弊風を打ち破るような実践レポートを評価し，

積極的に投稿してほしいと呼び掛けている。表6-1にも示したように，第1集から第5集までは「教材研究・実践報告」を一つの項目として設けられていたが，第6集から「実践報告」が独立した項目として設置されるようになったので，「編集後記」では実践報告を原稿化することの難しさや優れた実践報告が会員に与えた大きな影響を強調し，より多くの実践報告を投稿してほしいと切実に願っていたのかもしれない。

　この「編集後記」の後半では，「今またワープロの有効な利用法などが課題になってきている。その議論の誘い水になっていただくよう春田裕之氏にお願いしたわけで，この点に関してもいろいろなご意見をいただきたい」と述べ，春田裕之の論文「国語科が必要とする日本語ワードプロセッサ — 教材作り・問題作りに必要な機能」の掲載意図を示し，国語教育の社会的背景と新たな課題を取り上げている。

　第11集の「編集後記」(瓜生鐵二)では，「本号を刊行するに当り，論文の中でとりわけ注目されるのは，(中略) 投稿原稿の分野が多岐にわたり，それぞれがレベルの高さを保っていることである。大学院教育学研究科が発足したこと，本学会の研究部会が着実な活動成果を収めていること等が良い刺戟となってこうした方面にも波及しているとも考えられる。しかし，その根底には各執筆者のそれぞれの現場における真摯な取り組みがある。このことを抜きにしては，こうした投稿論文の増加現象を語れない」と述べ，投稿論文の増加や論文レベルの向上の背景には，大学院教育学研究科の設立や学会研究部会の活動の充実，投稿者の日頃の努力などがあると分析している。特に早稲田大学に大学院教育学研究科が設立されたことで国語教育研究に携わる教員や学生が増え，自らの研究成果をより多くの教育現場の教員に発信するために，積極的に機関誌へ投稿していると考えられる。そして，第6集の内容と対照的に，5年後の第11集での投稿原稿が増加傾向にあるということは，機関誌への投稿認識は一般的になってきていることと，学会活動の浸透と定着を示唆している。

　1995年5月13日の第183回例会では，「国語教育とは何か」というシンポジウムが開催され，同年6月24日に早稲田大学系属早稲田実業学校において，二つ

の公開授業が行われた。この二つの内容を反映したのが第16集であった。第16集の「編集後記」(山下勇人)では、「シンポジウム・公開授業ともに参加者が多く、活発で盛会であった。例会における意欲的な研究発表のみならず、学会のこのような新しい試みに参加して刺激を受け、授業研究への意欲が大いに高まった方も多かったことであろう。編集委員会では、本集の特集としてシンポジウムを取り上げ、小西・細田両先生には公開授業の実践報告をお願いした」と述べ、機関誌と例会活動の密接な連携を示す一方で、第16集の「実践報告」と「特集・シンポジウム」の掲載趣旨を説明している。第18集、第20集以降も毎号特集テーマが設けられるようになり、それに影響を与えた第16集の役割は看過できなかろう。

第16集の「編集後記」の後半では、「会員のつぶやきを大切にして、会員の活発な活動が行われる学会誌にしたい。会員の実践報告や論文、さらには「現場からの報告・通信」など多数載るようにして、会員相互の交流をはかりながら、本誌をさらに活性化してゆきたい」と述べ、機関誌の今後の編集方針と更なる発展について語っている。

第23集の「編集後記」(野村敏夫)は、大きく「特集テーマの設定の趣旨」「本学会会則への解釈」「編集作業過程におけるコミュニケーションの大事さ」「退職される杉野要吉先生、田近洵一先生、中野幸一先生への感謝」の四つの内容から構成されている。ここでは、前半の二つに着目したい。第23集の特集テーマ「国語科教材を問い直す」の設定について、「時代状況が激しく変化し、政治や経済の運営をはじめ、あらゆるものが問い直される中で、人づくりの中核としての学校教育や教材の在り方も、厳しく問い直されている。国語科の教材を問い直す基盤には、教育者・研究者各自がこれまで培ってきた国語教育観がある。しかし、激しく変化する時代状況や言葉の状況、また教育や子供たちの状況の中で、その国語教育観にも絶えざる『問い直し』が求められていると言えるだろう」と述べ、国語科教材を問い直す際に、変化しつつある時代状況や言語環境、社会的背景、学校や学習者の実態などを考慮しておく必要があると強調している。そして、「会則への解釈」では、会則の第三条「本会は国語

教育に関する研究，会員相互の親睦，並びに後進の育成をはかることを目的とする」を取り上げ，「第三条の会則に基づく本誌の使命は，第一に本学会会員の国語教育研究の成果を集約し発信することにあると言えよう。『集約』には，会員の自主的な投稿を待つばかりでなく，例会・大会等の成果や講演の内容を記録にとどめること，さらには，特集の設定により，現代的課題に向けて会員の潜在力を引き出すことも含まれる。『発信』について言えば，本誌は会員に配布されるほか，国語教育・国語・国文学関係の団体，大学の研究室や図書館など全国百五十余りの機関に送付されている。つまり，学会内の情報媒体であるばかりでなく，本学会の成果を外部に発信する媒体でもある。(中略) 第三条のうち，『親睦』は懇親会に譲るにしても，現場からの声や会員の著書を取り上げるページは，会員相互の情報交換の機能を果たしている。『後進の育成』については，大学院生も含む若い方々の投稿を期待するところである」と述べ，機関誌の「研究成果を発信する」「例大会や講演の成果を記録する」「会員の潜在力を引き出す」「学会の成果を外部に発信する」「会員の情報交換に役立つ」などの役割を挙げている。これらは機関誌が果たすべき役割だけでなく，学会全体の運営方針でもある。

　第30集は機関誌『早稲田大学国語教育研究』の記念号として，「早稲田の国語教育」という特集が掲げられた。「編集後記」(石出靖雄)では，これまでの歴史を踏まえた多くの論文や報告を掲載できたことを喜ぶ気持ちを示す一方で，「歴史が古ければいいものではない。(中略)『早稲田の国語教育』の歴史から，私たちは多くのことを学ぶことができるが，それを今後の国語教育にどう生かしていくかが重大なことである。今までの伝統に恥じない新しい歴史を築いていきたい」と指摘し，今後の展望について語っている。

　このように，機関誌『早稲田大学国語教育研究』は創刊から30数年の道を歩んできて，例大会の活動と密接に連携しながら，全国で国語教育に関わっている会員からの研究成果や実践報告，現場からの声や会員の著書などを積極的に発信している。早稲田大学における国語教育研究の情報交流の窓口としてこれからも活躍していくであろう。

5 「特集テーマ」の設定から見る学会活動の歩み

本章第1節で述べたように,機関誌『早稲田大学国語教育研究』は第15集から「特集」というコーナーが設けられるようになった。ただし,第15集の「特集・寺山修司」の二つの原稿はその前年度の大会での講演内容を論文化したものであり,第16集の「特集・国語教育とは何か」も前年度の例会でのシンポジウムを取り上げたものであった。正式に機関誌の特集として設定し始めたのは第18集で,第19集以外,それ以降の号にはすべて特集テーマが設けられている。第18集以降の特集テーマを以下に示す。

第18集　表現の指導
第19集　なし
第20集　二十一世紀の文学教育をどうするか ― 新学習指導要領に向けて
第21集　二十一世紀の国語教育の課題
第22集　国語教育における「読む」― 研究と実践の可能性をひらく
第23集　国語科教材を問い直す
第24集　「ことば」の教育を問い直す
第25集　国語教育の現状を考える
第26集　国語教育改革への提言
第27集　新しい教材・新しい実践
第28集　社会の変化と国語教育の課題 ― いま『ことばの力』を問い直す
第29集　新しい国語教育の可能性を探る ― 読解力と表現力をむすぶために
第30集　早稲田の国語教育
第31集　文学・語学研究と国語教育の連携を探る
第32集　国語の教養,国語科教師教育の課題
第33集　国語科教科書の可能性
第34集　学会五〇周年記念　国語教育のこれまでとこれから

これらの特集テーマから「二十一世紀」「国語教育の課題」「国語教育の現

状」「研究と実践の可能性」「教材・教科書の可能性」「表現指導」「読むことの指導」などのキーワードを抽出することができる。

　特集テーマの設定に関する趣旨文は，第31集から裏表紙に詳しく書かれるようになった。例えば，第31集の裏表紙に掲載されている「第32集原稿募集」では，「特集Ⅰ　国語の「教養」」「特集Ⅱ　国語科教師教育の課題」の二つの特集テーマの趣旨文が掲載されている。「特集Ⅰ　国語の「教養」」の趣旨文では，「本特集では，いま求められている国語の「教養」とはどのようなものであるかについて，多方面からの声を求めている。教科書における定番教材の今後の在り方や，読書の質・量のこと，サブカルチャーへの向き合い方，漢字やことばの運用能力，古典から現代に至る文学の，何をどのように理解し次代に受け継ぐのかなど，自由な発想に立った活発な提言をお寄せいただきたい」とあり，伝統的でありながら新たな国語教育の課題を示している。

　また，第33集に掲載されている「第34集原稿募集」では，「学会五〇周年記念　国語教育のこれまでとこれから」という特集テーマを提示し，その趣旨文の中に「二〇一三年は早稲田大学国語教育学会五〇周年にあたります。六月の大会テーマと連動して第三十四集の特集テーマを右のように設けました。この半世紀，日本は経済的にも社会的にも大きな変容を遂げてきました。その中で，国語教育も時代の局面ごとに様々なトピックを持ち，取り組むべき話題と向き合ってきました。本学会がその中で果たしてきた役割はけっして小さくありません」と，この50年間の社会的変動に伴う国語教育の様々な課題や本学会が果たしてきた役割を取り上げ，「この半世紀の膨大な実践報告や研究発表，研究論文は，学会として国語教育に対し真摯に向き合い，貴重な提言を続けてきた証です。そして，これからも，変わりゆく時代の半歩先を見据えながら，斯界の先頭に立つ学会としてますます旺盛な活動を展開していくことになるでしょう。歴史を捉え直し，未来を展望する，意欲的な投稿を期待しています」と早稲田大学における国語教育研究の「これまで」と「これから」について考える論文や実践報告の投稿を呼びかけている。

　このように，機関誌『早稲田大学国語教育研究』は「教材研究・実践報告」

「論文・実践報告」という自由テーマから「特集テーマ」へと，研究や実践報告の方向性が明確に示されるようになった。また，第18集，第20集以降の特集テーマ設定からは，機関誌のここ数年の編集方針として，理論研究のみならず実践研究，教育現場にも重点を移しつつある傾向が見られる。

6　総　　括

　本章では，機関誌『早稲田大学国語教育研究』の構成上の歴史的変遷と内容上の歴史的変遷について分析・考察を行った。特に内容の面では，「会則の改正」を通して学会全体の運営方針の歴史的変遷を探り，「現場から」を通して教育現場における教員の喜怒哀楽と学習者の実態を知り，「編集後記」を通して毎号の機関誌が出来上がるまでの道程を俯瞰し，「特集テーマ」を通して時代とともに変化しつつある学会活動や機関誌の方向性に触れることができた。紙幅の関係で，それぞれの項目で取り上げた資料は限られているものの，本章の分析を通して，50周年を迎えた早稲田大学国語教育学会のこれまでの歩みとこれから進んでいこうとする道が見えてきたと思われる。

　学会の一員として国語教育研究者に育てていただいたこと，機関誌の編集作業を手伝う幸運に恵まれ，この身をもって個々の論文や実践報告の重さを感じることができたこと，そしてこのように機関誌を考察する機会をいただいたことに，心より感謝を申し上げたい。

【注】
1）町田守弘（2013）「早稲田大学国語教育学会に関する一考察 ―『早稲田大学における国語教育の研究』の一環として ―」（『早稲田教育評論』第27巻第1号　早稲田大学教育総合研究所　p.189）　本書第3章を参照。
2）ここで示した「特集」は「特集論文」の略で，「論文」は「特集外」の論文を指している。第16集，第18集，第20集以降の「特集」「論文」もこれと同じである。
3）注1に同じ。p.183
4）この報告書は1995年7月に第20期国語審議会が文部大臣に提出したものである。
5）この調査は1995年4月に行われた。

6）ここの「国語課」は文化庁文化部国語課のことを指す。

【参考文献】
- 町田守弘（2013）「早稲田大学国語教育学会に関する一考察 —『早稲田大学における国語教育の研究』の一環として —」『早稲田教育評論』第27巻第1号　早稲田大学教育総合研究所
- 大貫眞弘・松本直樹・林教子（2013）「早稲田大学における『国語教育』研究史の概観 — 早稲田大学国語教育学会の活動を通して —」『早稲田教育評論』第27巻第1号　早稲田大学教育総合研究所
- 町田守弘（2010）「早稲田大学における国語教育の足跡を辿る — 教育学部・教育学研究科・国語教育学会を中心に，個体史を絡めて —」『早稲田大学国語教育研究』第30集　早稲田大学国語教育学会
- 堀誠（2010）「早稲田大学国語教育学会と教育・総合科学学術院」『早稲田大学国語教育研究』第30集　早稲田大学国語教育学会
- 早稲田大学国語教育学会事務局（2013）『早稲田大学国語教育学会　五〇周年記念大会資料集』

おわりに

　早稲田大学国語教育学会設立50周年の記念の年度に，本書を刊行することができたことはとても幸福なことである。学会では2013年6月22日に50周年記念の大会が開催された。その内容は「国語教育のこれまでとこれから ― 学会設立50周年からの展望」と題するシンポジウム（登壇者は東郷克美氏，田近洵一氏，岩﨑淳氏，司会は町田守弘が担当），および榎本隆司氏による講演であった。登壇者と講演者からのメッセージは，長く学会に参加し多くを学んできた立場の方々の心に響いたものと信じている。その内容は，2014年3月発行の学会誌『早稲田大学国語教育研究』（第34集）に収録されることになった。学会の歴史を辿りつつ将来への展望を拓くことを目指した本書が，この学会誌の特集と合わせて多くの国語教育関係者によってひもとかれることを願う次第である。

　早稲田大学と国語教育の関係を考えるということは極めてスケールの大きな研究課題であり，本書にまとめたものはそのごく一部にすぎない。これからこの課題に対して多くの関係者が目を向けて，さらに研究が深められることを期待したい。

　以下執筆順に，各章執筆者の2013年度現在の所属と現職を記す。

　第1章　堀　　　誠　（早稲田大学教育・総合科学学術院教授）
　第2章　林　　教子　（文部科学省初等中等教育局教科書調査官）
　第3章　町田　守弘　（早稲田大学教育・総合科学学術院教授）
　第4章　大貫　眞弘　（早稲田大学高等学院教諭）
　第5章　松本　直樹　（早稲田大学教育・総合科学学術院教授）
　第6章　李　　　軍　（早稲田大学教育・総合科学学術院非常勤講師）

　なお本書の刊行に際しては，早稲田大学教育総合研究所および学文社社長の田中千津子氏にたいへんお世話になった。深甚な謝意を表したい。

2014年1月

　　　　　　　　　　　　　　　　　　　　　　　編者　　町田　守弘

編著者略歴

町田守弘（まちだ・もりひろ）

　1951年，千葉県生まれ。早稲田大学卒業。早稲田大学系属早稲田実業学校中・高等部教諭・教頭を経て，現在早稲田大学教育・総合科学学術院教授。教育学部と大学院教育学研究科の授業を担当。2004年4月から4年間，早稲田大学系属早稲田実業学校初等部校長を兼任。専攻は国語教育で，主に国語科の教材開発と授業開発に関する研究を進めている。博士（教育学）。

　主な著書に，『授業を開く―【出会い】の国語教育』（三省堂），『授業を創る―【挑発】する国語教育』（三省堂），『国語教育の戦略』（東洋館出版社），『国語科授業構想の展開』（三省堂），『声の復権と国語教育の活性化』（明治図書），『国語科の教材・授業開発論―魅力ある言語活動のイノベーション』（東洋館出版社），『新聞で鍛える国語力』（朝日新書），共著に『教師教育の課題と展望―再び，大学における教師教育について』（学文社），『国語の教科書を考える―フランス・ドイツ・日本』（学文社），『ことばの世紀―新国語教育研究と実践』（明治書院），編著に『明日の授業をどう創るか―学習者の「いま，ここ」を見つめる国語教育』（三省堂），『実践国語科教育法―「楽しく，力のつく」授業の創造』（学文社）などがある。

早稲田大学と国語教育
―学会50年の歴史と展望をもとに―　　　　　　　　　　　　　　［早稲田教育叢書33］

2014年3月30日　第1版第1刷発行

　　　　　　　　　　　　　　　　　　　　　　　編著者　町田　守弘

編纂所	早稲田大学教育総合研究所
	〒169-8050　東京都新宿区西早稲田1-6-1　電話 03（5286）3838
発行者	田中　千津子
発行所	株式会社　学文社　〒153-0064　東京都目黒区下目黒3-6-1 電話 03（3715）1501（代） FAX 03（3715）2012 http://www.gakubunsha.com

© MACHIDA Morihiro　Printed in Japan 2014　　　　　　印刷所　東光整版印刷
乱丁・落丁の場合は本社でお取替えします。
定価はカバー・売上カード表示

ISBN 978-4-7620-2447-4

早稲田教育叢書

早稲田大学教育総合研究所

(本体価格　A5並製　各C3337)

24　坂爪一幸 著
高次脳機能の障害心理学

神経心理学的症状、高次脳機能障害（脳損傷後にみられる症状や障害）をより心理学的な観点から考察。どのようなタイプの症状があるのか、それらに対応したリハビリテーションや学習支援の方法はどのようなものか。綿密な研究を通じて、「心」の活動の変化、可能性や適応性を解説。「心」の多面性を理解する手がかりが得られる。

●ISBN978-4-7620-1650-9　223頁　2,300円

26　坂爪一幸 編著
特別支援教育に活かせる
発達障害のアセスメントとケーススタディ
発達神経心理学的な理解と対応：言語機能編　〈言語機能アセスメントツール〉付

言語機能面における発達障害への理解を深め、アセスメントに役立つ最新の知見を発達神経心理学的な視点からわかりやすくまとめた。付録に掲載した言語機能アセスメントツールでは、ツールの使い方をイラスト入りで実践的に解説。

●ISBN978-4-7620-1758-2　238頁　2,400円

28　安彦忠彦 編著
「教育」の常識・非常識
公教育と私教育をめぐって

政治家やジャーナリズムにより喧伝され「常識」となっている"教育＝サービス論"により、「公教育」と「私教育」は同質のものとみなされるようになっている。それらの「常識」の矛盾を示し、「公教育」に対して「私教育」の意義に焦点を当てる。

●ISBN978-4-7620-2049-0　142頁　1,500円

30　堀誠 編著
漢字・漢語・漢文の教育と指導

「ことばの力」の源泉を探究する試み。「読む」「書く」「話す」「聞く」という、漢字・漢語・漢文のもつ根源的な力の発見と、その力を育むための実践的な方法の考察、教材や指導法を提案する。また漢字のもつ歴史、漢語・熟語・故事成語の成り立ちとその意味世界、そして訓読による漢語・漢文の理解方法など、さまざまな視点から現実を見つめ直し、漢字・漢語・漢文の世界を多角的に掘りおこす。

●ISBN978-4-7620-2158-9　256頁　2,500円

32　三村隆男 著
書くことによる生き方の教育の創造
北方教育の進路指導、キャリア教育からの考察

昭和初期、秋田県を中心に東北地方一円に繰り広げられた綴方（作文）教育運動である「北方教育」を考察し、そこに内在する「生き方の教育」の本質を、進路指導、キャリア教育との関連で明らかにする。キャリア教育実践者、研究者必見の書。

●ISBN978-4-7620-2356-5　192頁　2,300円

25　大津雄一・金井景子 編著
声の力と国語教育

子どもたちへ声を届け、子どもたちの声を引き出すさまざまな活動と実践研究から、国語教育の重要な一角を占める音声言語教育分野に関する教員養成の現状と課題を再考。日本文学や中国文学研究者、国語教育研究者、教員、朗読家や読み聞かせの実践家などによる「朗読の理論と実践の会」の活動記録と研究成果。

●ISBN978-4-7620-1674-5　232頁　2,400円

27　白石裕 編著
学校管理職に求められる力量とは何か
大学院における養成・研修の実態と課題

大学院における学校管理職養成・研修の現状と課題、学校を支え動かす学校管理職の力量とは何か。2年間実施した現職校長を対象とするアンケート調査の結果分析を通して、学校管理職に求められる力量について検討する。その他2007年に開催された公開シンポジウムの講演と報告を掲載。

●ISBN978-4-7620-1952-4　158頁　1,600円

29　沖清豪・岡田聡志 編著
データによる大学教育の自己改善
インスティテューショナル・リサーチの過去・現在・展望

高等教育機関、とりわけ大学におけるインスティテューショナル・リサーチ（IR, Institutional Research）に関する現時点までの研究成果と知見をまとめ、大学改革においてIR導入の際に考慮すべき点を提示し、今後を展望する。IR関連の国際的文献・資料も収録。

●ISBN978-4-7620-2157-2　216頁　2,400円

31　鈴木晋一 編著
数学教材としてのグラフ理論

早稲田大学教育総合研究所の課題研究「中学校・高等学校における離散数学教材の開発」の成果報告の一端。数学を創り上げるという視点から、構成的な要素を補う教材としてグラフ理論を取り上げ、幾何教材と離散数学教材の強化に取り組む。

●ISBN978-4-7620-2253-1　208頁　2,300円

33　町田守弘 編著
早稲田大学と国語教育
学会50年の歴史と展望をもとに

●ISBN978-4-7620-2447-4　138頁　1,500円

34　長島啓記 著
基礎から学ぶ比較教育学　＜近刊＞